CHANTAL BAVARÉ

Ein Schutzengel kommt selten allein

Nichts ist, wie es aussieht

Band II

Spiritueller Roman

Mit tiefem Dank meinen Eltern;

Maurice und Elisabeth

Bibliografische Informationen der Deutschen Nationalbibliothek

Die Deutsche Nationalbibliothek verzeichnet diese Publikation in der Deutschen Nationalbibliografie; detaillierte bibliografische Daten sind im Internet über http://dnb.d-nb.de abrufbar.

ISBN-13: 978-1517769192

1. Auflage 2015

Umschlaggestaltung: Monika Horwath unter Verwendung einer Airbrusharbeit von Stephan Beutler

Vorwort von Raho Bornhorst

Als Expertenmischung aus sachlich orientiertem Erfolgscoach und spirituellem Lehrer verfolge ich das Ziel, innerlich das „Inner Chi“ zu stärken und alles andere zu verbrennen, was nicht zur Energie von Liebe als dem Höchsten und Wesentlichem im Leben dazu passt. So suche ich im inneren Kontakt mit mir selbst und mit anderen Menschen immer den Idealweg, auf dem man sich selbst ständig frei von eingeprägten Vorstellungen macht, damit die Seele den idealen Raum im Leben einnehmen und jeder das Leben wirklich genießen kann.

Die Geschichten um Naida sind deshalb so wichtig, weil die Leser hier nicht mit Regeln und sachlichen Kenntnissen konfrontiert werden, wie das häufig passiert.
Denn es geht darum, mehr Bewusstsein zu gewinnen. Vielmehr werden durch das Einlassen und Fließen in dieser Erzählung sehr viele Einsichten und Erkenntnisse gleichzeitig vermittelt, so wie das früher die Geschichten und Märchen für Kinder getan haben. Es sind die inneren Bilder, die persönlichen Eindrücke und Gefühle, die uns tief berühren und bewegen, und mit deren Hilfe wir ganz grundlegende Veränderungen in uns selbst anstoßen. Hilf dir selbst – dann hilft dir Gott. Hören und sehen wir nicht, was in uns passiert, dann reagiert der Körper auch ohne uns. Lassen wir uns aber, durch welche Impulse auch immer, auf den Fluss des Lebens ein, so wie er sich als ganzheitliches Sein von Natur aus entwickeln und entfalten kann, dann finden wir zurück zum inneren Frieden – und damit zum mächtigsten Impulskraftwerk der menschlichen Seele. Wer sich diesem großen natürlichen Strom des Lebens anvertraut, kommt aus den Abwegen zurück und kehrt in die Mitte des eigenen Lebens zurück.
Dieses Buch will dich sanft berühren und spielerisch leicht an die Hand nehmen, und dich ganz entspannt da hin führen.
Was für ein Geschenk für jeden, wenn man sich darauf einlässt!

Raho Bornhorst, 11. Oktober 2015, www.rahobornhorst.com

Kitchi und Oota Dabun

Erst als Naida bei Kit im Auto sitzt, wird sie langsam ruhiger. Kit lacht. »Du bist nervös, nicht wahr? Jetzt ist nur noch nicht klar, ob meinetwegen oder wegen der bevorstehenden Begegnung mit meiner Mutter...» Er schaut zu ihr hinüber und streichelt ihr liebevoll über die Wange.

Naida atmet auf und lächelt unsicher. »Du hast recht, Kit, ich staune selber, wie aufgeregt ich bin. Und ganz bestimmt auch wegen dir, glaub mir!» beteuert sie ihm zerknirscht.

Kit lacht wieder laut auf. »Du gefällst mir, Süsse. Aber ich glaube dir. Deine spontane Umarmung vorher hat Bände gesprochen.» Er nimmt seine Hand wieder zurück ans Steuer. »Wir haben nicht lange bis zu mir nach Hause. Meine Mum freut sich schon auf dich.»

Naida atmet nochmals tief ein und aus. Langsam wird sie ruhiger. Was Kit erzählte, ist richtig. Die Umarmung vorher kam spontan und von Herzen. Zudem hat sie ihr sehr gut getan. Seinen Körper so nah und beschützend zu spüren, hat sie beruhigt. Und dass er nun offen und ohne Abwertung über ihre Nervosität redet, auch. Dankbar schaut sie ihn von der Seite an.

Aber sie spürt auch noch die Nachwehen ihrer Gedanken der Stunden zuvor in sich drin. Es ist ein bedeutender Vormittag gewesen, denn sie hat sich zwischen zwei Männern entschieden und gleich im Anschluss den Zugang zu ihrem wahren Selbst und ihrer wahren Berufung gefunden.

Naida seufzt leise. Währenddem sie erneut zu Kit hinüber blinzelt, weiss sie, dass es gut gewesen ist, sich für ihn zu entscheiden. Schliesslich kennt sie Maurice viel zu wenig! Ja; klar. Sie kann die Gefühle für diesen anderen Mann nicht leugnen. Die Tatsache, dass der Gedanke an ihn sie derart aufwühlt, ist auch für sie selbst beeindruckend. Aber ihr Verstand lässt sie an die Stunden erinnern, in denen sie sich Zeit genommen hat, um zwischen diesen beiden Männern, die unterschiedlicher nicht sein könnten, zu wählen. Und diese Zeit hat sie heute genutzt. In ihrem inneren Auge erscheint die Tabelle, welche ihr geholfen hat, eine Übersicht zu kriegen. Zudem spricht auch ihr Bauchgefühl für Kit, den jüngeren der beiden. Und sie weiss, dass ihr Bauchgefühl die Anzeige für ihre Seelenpläne ist. Also ist es richtig so. Auch die Tatsache, dass sie Maurice nächste Woche in Ruhe und fair darüber in Kenntnis setzen wird, beruhigt sie.
Kit jedoch muss von alldem noch nichts wissen.

Sie zwingt ihre Gedanken ins Hier und Jetzt zurück.

»Erzähl mir von ihr, Kit. Wie ist deine Mutter Schamanin geworden?»

Kit holt einen tiefen Atemzug. »Ich versuch es kurz zu fassen.» Er lacht sie an. »Wir stammen vom Volk »Algonquin» ab, welchem bis heute noch eine Handvoll Stämme angehören. Die meisten bewohnen Pärke, Kommunen oder Gemeinden und pflegen unsere Sprache, welche sich allerdings wie Dialekte von Stamm zu Stamm unterscheidet. Meine Mum stammt von den »Weskarini» ab, welche ungefähr 2,5 Stunden nordwestlich von hier am Rivière Rouge angesiedelt sind. Ihr Vater war zeitlebens ein angesehener Schamane der Weskarini und Mum erbte seine Fähigkeiten und wurde nach ihren ersten nachweislichen Visionen mit 5 Jahren schon als zukünftige Schamanin gefeiert.
Allerdings hatte niemand mit ihrer starken Intelligenz und ihrem Freiheitsdrang gerechnet.
Als sie knapp 16 Jahre alt war, teilte sie ihrem Vater mit, das Land bereisen zu wollen. Gemeinsam mit meinem leiblichen Vater brach sie also auf und ging zuerst nach Ottawa, dann nach Toronto und schlussendlich nach Montréal. In allen Städten hielt sie die Stammeskontakte aufrecht, auch zu anderen Stämmen der Algonquins, was ihren inneren Horizont und auch ihre schamanischen Erfahrungen erweiterte. In Toronto liess sie sich zur Hebamme ausbilden. Dies lässt ihren

Job als Schamanin bis heute massiv erleichtern und abrunden. Nun kann sie die medizinischen Kenntisse zweier Kulturen vereinen.

Die meisten Schamanen leisteteten Geburtshilfe. Sie kann von sich aber behaupten, die neuesten medizinischen Erkenntnisse anzuwenden und wird von den hiesigen schulmedizinischen Ärzten trotz ihrer Offenheit, eine Schamanin zu sein, sehr geschätzt. Das allein hob sie von Beginn an definitiv vom Gedankengut traditioneller Schamanen ab und fundamentierte ihre innere Haltung über den modernen kanadischen Schamanismus.
Diese innere Haltung zeigt sich auch in ihrer Unterstützung unseres Gemeindeprojektes, welches sich offen für verschiedene Kulturen zeigt, nicht nur der unseren gegenüber. Wir sind überzeugt davon, dass wir beides unter »ein Dach» bringen können: Unsere weiterhin gelebten Traditionenen und die Offenheit und Annehmbarkeit anderer.»

Naida hört aufmerksam zu und saugt alle Informationen wie ein Schwämmchen auf. Ein sehr spannendes Bild zu der ihr noch unbekannten Frau zeichnet sich auf. Und sie ist immer gespannter darauf, wie sie sie persönlich wahrnehmen wird.

»Ich bin übrigens in Toronto geboren, kurz nach ihrer

erfolgreich abgeschlossenen Hebammen-Ausbildung. Als sie mit meinem Vater und mir als Baby nach Montréal weiterzog, starb er unterwegs an den Verletzungen eines tragischen Verkehrsunfalls. Ich habe ihn nie kennen gelernt.»

Naida drückt ihm voller Mitgefühl den rechten Unterarm. »Das tut mir leid, Kit.» sagt sie leise.

Seine Augen blicken geradeaus auf die Strasse. »Es ist gut, danke. Ich vermisse ihn nicht. Als Junge wäre es wohl manchmal gut gewesen, ihn an meiner Seite zu haben. Aber da wir enge Kontakte zu anderen Ureinwohnern pflegen, hat es mir nicht an männlichen Vorbildern gefehlt.»

»Wollte deine Mum niemals zu ihrem Stamm zurückkehren?» fragt Naida.

»Es kam einfach nicht dazu. Inzwischen ist ein anderer Schamane von ihrem Vater initiiert worden und für sie ist es kein Thema mehr, dorthin zurück zu gehen. In den vergangenen Jahren hat sich unser neues Projekt mit der Gemeinde hier am Rande von Montréal herauskristallisiert, und diese Vision schweisst uns und unsere Freunde fest zusammen. An unseren Schulen soll die Algonquinsprache gelehrt werden, wie französisch und englisch oder andere

Sprachen unserer multikulturellen Gemeindemitglieder auch. Zudem sollen unsere Kinder den Bezug zur Natur, die Achtung und den Respekt vor der Natur, den Tieren und anderen Menschen lernen. An unseren Schulen soll nicht nur Mathematik und Chemie gelehrt werden, sondern auch spirituelle Fächer, wie Traumdeutung, persönliche Entwicklung und Telepathie. Für meine Mum und mich ist es klar, dass jeder Mensch diese Fähigkeiten in sich drin trägt. Leider wird es keinem gezeigt, wie damit umzugehen ist und wie diese zu fördern sind. Zudem soll jeder Schüler die Gelegenheit kriegen herauszufinden, was seine persönliche Fähigkeiten und Potentiale sind, um diese zu fördern. Das ist nur ein Teil, den wir in unserer Gemeinde anders machen möchten.»

Strahlend schaut er zu Naida hinüber, welche sprachlos und immer faszinierter zuhört. »Wow, Kit! Das tönt fantastisch. Was du sagst, lässt tief in meinem Herzen die schönsten Töne erklingen! Du steckst mich mit deiner Begeisterung an! Und allein schon, was ihr alles vor habt... Hut ab.»

»Nicht wahr? So gehts mir auch. Ich freu mich, dass du mit mir fühlst. Wir sind jetzt bald da. Ich muss nur noch eine Parklücke finden.»

In den letzten Minuten sagt keiner von beiden etwas. Naidas

Gedanken gehen nochmals zurück zum Vormittag. Diesmal zum zweiten wichtigen Ereignis. Sie erinnert sich, wie sie sich der Tatsache gewidmet hat, dass sie sich ihrer Brustkrebserkrankung nicht hatte annehmen wollen.

Jetzt, wo sie erneut in die Erinnerung von heute Morgen zurückschweift, fühlt sich ihre frühere Abwehr, die sie in sich gefühlt hatte, wenn sie sich der Botschaft ihrer Krankheit hätte annehmen sollen, nicht mehr echt an. Die Erinnerung zeigt ihr diese Abwehr-Emotion zwar wieder, aber sie fühlt sich nun fremd und distanziert an. Innerlich hört sie die Stimme von Maya, welche ihr liebevoll mitteilt, dass »dies ein gutes Zeichen ist« und bedeutet, die Blockade zu ihrer Krankheit überwunden zu haben.

Naida lächelt. Woran sie sich sehr wohl erinnert, ist das Gefühl der Geborgenheit und Freiheit. Das Gefühl, das ihr die Bilder ihres zukünftigen Tuns zeigte! Sie weiss nun, dass sie dafür vorgesehen ist, ihre medialen Fähigkeiten in den Dienst der Menschen zu setzen. Anderen dabei zu helfen, sich selbst zu finden. Aber auch, aufkeimende feinstoffliche Wahrnehmungsfähigkeiten einzuordnen und im Alltag damit umgehen zu lernen. Innerlich lächelnd geniesst sie dieses wunderbare Gefühl noch eine Weile.
Kit lenkt das Fahrzeug nach fast 30 minütiger Fahrt durch die

Stadt in die Boulevard des Galeries d'Anjou und findet rasch einen Parkplatz am Rande der Strassen. Zu Fuss gehen sie einige Blocks weiter, bis sie vor einem Mietshaus stehen.

»Hier wohnen meine Mum und ich. Komm, wir gehen hoch.»

Naida hält es vor Aufregung über die bevorstehende Begegnung fast nicht aus. Wie das Daheim von Kit aussehen mag? Wie wohnt eine Schamanin in der heutigen Zeit? Naja, sie muss sich nur noch kurz gedulden. So nimmt sie seine Hand und folgt ihm die Treppen hoch in den zweiten Stock.

Die Wohnungstüre ist angelehnt. »Das macht sie immer, wenn sie Besuch erwartet.» Kit stösst die Türe ganz auf. »Mum? Wir sind da!» In diesem Augenblick kommt eine kleine Frau mittleren Alters um die Ecke, küsst ihren Sohn auf die Stirn und bleibt vor Naida mit weit geöffneten Armen stehen. »Ma fille, da bist du endlich! Ich habe dich erwartet. Und damit meine ich nicht, dass Kit dich angemeldet hat. Ich weiss schon lange, dass du kommen wirst. Fühl dich wie zu Hause hier!»

Naida spürt eine willensbetonte und gleichzeitig liebevolle Umarmung, Düfte von Wald, Lavendel und Rosen ziehen in ihre Nase und ihre Gesichtshaut fühlt die dicken, schwarzen Haare von Kits Mum an ihrer rechten Wange. Dann löst Oota sich von der Umarmung, hält aber immer noch Naidas Oberarme fest und schaut ihr tief in die Augen. In dem Augenblick, wo die beiden sich Auge um Auge gegenüberstehen, werden Naidas Knie ganz weich. Ihr Herz beginnt rasend schnell und überlaut zu pochen und ihr Gaumen wird trocken.

»Oh mein Gott, ich glaub es nicht.» denkt sie. Und Kits Mum sagt leise: »Ja, mein Kind. Ich bin es. Die Frau aus deinen Träumen. Nicht wahr?» Sie schmunzelt und drückt Naida nochmals fest an sich. »Es ist mir eine Freude, dich hier zu haben! Ich bin Oota Dabun, nenn mich Oota. Aber kommt jetzt rein, ihr beiden, ich hab die Vorspeise schon aufgedeckt.» Sie führt die völlig perplexe Naida in die Stube und lässt sie auf einem Stuhl Platz nehmen. Kit legt seine Jacke ab. »Ich helfe dir in der Küche, Mum.»

Eine Weile ist Naida alleine in der Stube, auf einem der Esstischstühle sitzend. Oota Dabun wirkt nicht im geringsten so, wie sie es unbewusst von einer Schamanin erwartet hatte. Einerseits ist die kleine Frau erstaunlich jung, sie wird kaum älter als 40 Jahre sein, überlegt Naida. Andererseits hat sie wunderschöne, blaue Augen, was einen faszinierenden Kontrast zu ihrem schwarzen, dicken und geraden Haar bildet. In ihrem Traum trug die Schamanin jeweils ein braunes

Ledergewand und ihre Haare waren geflochten. Oota jedoch trägt die Haare offen und eine schöne, lilafarbene Seidenbluse zu Jeans. Trotzdem hat Naida sie beim tiefen Blick in ihre Augen als die Schamanin aus ihren Träumen wieder erkannt. Wie kann das sein? Eigentlich sollte gerade sie sich nicht verwundern darüber. Sie, Naida, die verstorbene Menschen sehen kann, darf sich doch nicht wundern, wenn sich ein wiederkehrender Traum bewahrheitet? »Doch, doch«, beruhigt sie sich selbst. Schliesslich ist ihr das mit den Träumen bis vor einem Jahr noch nicht passiert. Fehlte jetzt nur noch, dass ihr Vater hereinspaziert, weil sie von ihm ja auch immer wieder Visionen hat.

Aber es »spazierten» Kit und Oota herein, beide die Hände voll mit heissen Auflaufformen. »Ich habe uns zwei Auflaufgerichte zubereitet. Eine salzige Version mit Gemüse, frischem Fisch und Kräutern, und eine süsse Version mit flüssiger Schokolade in der Mitte.» Oota strahlt, als sie redet. Naida kann nicht anders und lächelt sie an. »Ich freu mich darauf, Oota, vielen Dank. Darf ich mir kurz die Hände waschen gehen?»

Oota Dabun beeilt sich, ihr den Weg zu zeigen. »Natürlich, ma fille, wie konnte ich das vergessen. Hier, das ist der Waschraum.»
Währenddem Naida ihre Hände einseift, staunt sie über die

»normale» Einrichtung in der Wohnung der Schamanin. Hier im Badezimmer bemerkt nur der aufmerksame Betrachter Unterschiede zu einem »normalen« Bad. Es liegen einige Räucherwaren und Kerzen neben der Badewanne in einem Holzbehälter. Aber der Flur und das Wohnzimmer sind auffällig in kanadischer Manier eingerichtet. Erst als Naida ins Zimmer zurück kommt, fallen ihr Dekorationen und Bilder auf, welche die Herkunft der Schamanin verraten. Naida setzt sich wieder zu den zwei anderen.

»Komm reich mir deinen Teller, ma fille. Du bist bestimmt aufgeregt und hast viele Fragen. Ich freue mich sehr, dass du hier bist, Naida.» Sie reicht auch Kit einen gefüllten Teller. »Mum, du hast vorhin die Träume Naidas erwähnt. Woher weisst du davon?» fragt Kit. Er nimmt seinen vollen Teller entgegen, sortiert sein Besteck und rutscht nervös auf dem Stuhl hin und her, ohne mit dem Essen zu beginnen.

»Auch ich habe von Naida geträumt, weisst du. Ich wusste zwar nicht, wie sie heisst. Aber als ich sie vorhin gesehen habe, war alles klar. Wie du mir von deiner neuen Freundin erzählt hast, hatte ich eine Vermutung. Aber ich war mir nicht sicher.» Liebevoll lächelt sie Naida an. Diese lächelt zurück, noch unfähig, ein vernünftiges Wort zu sagen. Dann hebt Oota Dabun ihre offenen Handflächen von ihr weg in die Höhe und schliesst die Augen.

»Sie segnet nun das Essen.» flüstert Kit Naida über den Tisch hinweg zu. Die drei sitzen am Ende eines rechteckigen Tisches, Oota Dabun oben. Die Schamanin murmelt leise fremdsprachige Wörter und bewegt sehr sanft ihren Kopf auf und ab. Schon nach wenigen Sekunden nimmt sie ihre Arme wieder herunter und öffnet die Augen. »Ich bedanke mich für das reichhaltige und nährende Essen und wünsche euch einen guten Appetit!» sagt sie nun auf französisch. Liebevoll schaut sie Naida an. »Wir segnen, was wir auf dem Teller haben. Eine gute indianische Köchin segnet das Essen schon bei der Ernte, dann ein weiteres Mal bei der Zubereitung.» Naida nickt ehrfürchtig, und sobald Oota Dabun und Kit die Gabel aufgenommen haben, tut sie es ihnen nach.
Das Essen ist köstlich. Im Fischauflauf verbinden sich viele Geschmacksrichtungen. Den Fisch nimmt sie als zartes Etwas auf ihrer Zunge wahr. Sie schmeckt unbekannte Kräuter und verschiedene Gewürze. »Haben sie auch Ingwer verwendet?» fragt sie Oota verwundert darüber, indische Gewürze in der indianischen Küche wieder zu finden.

Oota Dabun lächelt. »Es freut mich, mit welchem Bewusstsein du isst. Das zeigt mir deinen eigenen Respekt und somit deinen Dank gegenüber der Mahlzeit. Ja, du hast Recht. Es entspricht nicht unseren Kochgebräuchen, Ingwer anzuwenden. Allerdings experimentiere ich auch beim Kochen seit Jahren über unsere Kulturgrenzen hinaus.» Sie schaut verschmitzt zu Kit. »Nicht nur beim Kochen, wie du vielleicht schon weisst. Meine Familie hier in Montréal, wie auch meine Freunde; wir alle pflegen eine neue, multikulturelle Einstellung zu leben. Bei mir zeigt sich dies auch in der Küche.»

Naidas anfängliche Aufregung legt sich zwar. Trotzdem sind sämtliche ihrer Sinne im Einsatz, ihre physischen wie auch ihre Hellsinne. Sie will nichts verpassen und saugt alle Informationen fast gierig auf. Das Essen verläuft ruhig und gleichzeitig sehr gesprächig. Oota Dabun und Kit erzählen viel und Naida hört zu.

»Wenn du möchtest, zeige ich dir nachher mein rituelles Zimmer, Naida. Die grossen Zeremonien halte ich zwar in einem Gemeinderaum hier in der Nähe ab. Aber meine täglichen Riten, vor allem die Momente, wo ich zur Ruhe komme und mit dem Grossen Geist in die Stille gehe, verbringe ich in diesem Zimmer.»

Kit lacht. »Nana, Mum, zuerst zeige ich Naida MEIN Zimmer, wenn es dir Recht ist. Schliesslich ist sie vor allem mein Gast, nicht wahr?» Er zwinkert Naida zu. »Ihr beiden habt nachher noch genug Zeit füreinander.»

Oota steht auf und stellt das Geschirr zusammen. »So geht, ihr Lieben, ich bereite inzwischen den Tee vor. Nein, nein, Naida,» sie schiebt liebevoll Naidas helfende Hände beiseite, »ich mach das schon, vielen Dank.»

Kit steht auf und zieht Naida an der Hand vom Stuhl hoch. Im Flur der Wohnung hat es rechterhand des Wohnzimmers nochmals zwei verschlossene Türen. Kit zeigt auf die zweite. »Hier ist Mums Meditationsraum, dahinter mit Direktdurchgang ihr Schlafzimmer. Und das hier», er zeigt auf die erste Türe und öffnet sie zugleich, »ist mein Zimmer.» Er lässt Naida vorgehen. Sie schaut sich um, gleichzeitig in ihren Erwartungen bestätigt und staunend. »Was ist? Du sagst gar nichts», meint Kit und zieht sie an sich.

Sein Zimmer ist erwartungsgemäss nicht sehr gross, aber grösser als Naida dieser Mietwohnung zugetraut hat. Der Raum strahlt einen einfachen, männlichen und geschmackvollen Sinn für Schönheit und Ordnung aus. Alles hat seinen Platz; Schreibtisch, Bett, Sessel. Abgesehen vom Sessel ist das Zimmer perfekt aufgeräumt und sauber. An den Wänden hängen geschmackvoll gerahmte Bilder von Skylines aus aller Welt und das Bett hat einen schwarz-braun gesteppten

Überwurf. Kit sieht Naidas Blick auf den Sessel, der überquillt mit zerknüllten Kleidern. Rasch schiebt er Naida von sich und rafft die Kleider zusammen.
»Bitte entschuldige. Ich bin so oft unterwegs, dass ich mich selten darum kümmere, wie meine Wäsche hier liegt.» Naida lacht. Sie findet diesen Makel sehr beruhigend, es macht ihren Freund menschlich und sympathisch. »Machst du deine Wäsche selbst? Wer putzt dein Zimmer?» Es fiel ihr schwer, sich vorzustellen, wie Oota Dabun ihrem Sohn hinterher putzt.

»Nein, ich mach das alles selber. Seit drei Jahren haben wir ein Abkommen, meine Mum und ich. Ich darf hier wohnen, als ob ich ein fremder Untermieter wäre. Raumreinigung, Wäsche, etc. mache ich alles selber. Meistens erledigen wir es gemeinsam am Putztag, das ist der Freitag. Sie kriegt von mir eine Untermiete für Logis und Essen. Das finde ich eine faire Lösung, du nicht auch?» Er nimmt sie wieder in seine Arme.

Naida schaut ihm in die Augen und atmet tief durch. Wohlwollend beobachtet sie sich selbst, wie sie den jetztigen Moment des Ankommens begrüsst und geniesst. »Ihr beide macht überhaupt alles sehr gut. Es gefällt mir, wie ihr lebt und welche Vision ihr habt.» Sie nimmt sein Gesicht zärtlich in ihre Hände. »Danke, hab ich dich kennen gelernt. Danke, dass du mich hierher mitgenommen hast. Danke, dass wir jetzt einen

Moment alleine sind.» Sie lächelt.

Kit umfasst mit seinen Händen die ihrigen, die immer noch sein Gesicht umgeben und zieht diese nach vorne, um Naidas Hände liebevoll zu küssen. Dann wandern seine Lippen an ihren Unterarmen hoch, sie immer noch zärtlich küssend, dann über die Oberarme zu ihrem Decolleté, während Naida ihren Kopf lächelnd in den Nacken legt, um ihren Hals freizugeben. Seine Hände stützen nun ihren Rücken in ihren Schulterblättern und sein Gesicht versinkt zwischen ihrem Hals und Decolleté. Naida legt ihre Arme um seinen Hals. Während seinen Zärtlichkeiten schiebt er sie langsam zu seinem Bett hin, um sie dort auf die weiche Steppdecke zu legen. Sein küssender Mund kommt nun bei ihren Ohren an, wandert über ihr ganzes Gesicht, bis er sanft auf ihren leicht geöffneten Lippen landet. Innig verschmelzen die beiden in einem langen, heissen Kuss. Ihre Leidenschaft kommt auf, sie umarmen sich fest, die Körper aneinander gepresst und die Beine umeinander verschlungen.

Nach einigen Minuten klopft es an die Türe. »Das ist Mum, der Tee wird wohl fertig sein. Komm,» sagt er heiser. »Wir geniessen die verbleibenden Minuten mit ihr, bevor ich dich heim bringe.» Er schaut sie eingehend an. »Du willst doch bei dir schlafen? Oder möchtest du hier bleiben?»

Naida streicht ihm nochmals zärtlich mit ihrer Handfläche über das Gesicht. »Ja, ich möchte zu Hause schlafen. Ich stell's mir zwar sehr schön vor mit dir...» Sie seufzt.

Er küsst sie zärtlich auf den Mund. »Wir haben alle Zeit der Welt, Liebste. Geniessen wir es. So rasch wirst du mich nicht mehr los!» Er lächelt sie derart verliebt an, dass Naida plötzlich das seltsames Gefühl eines schlechten Gewissens bekommt. Weshalb nur? Sie spürt diesem seltsamen Gefühl nach und das Bild von Maurice erscheint vor ihrem inneren Auge. Mmh. Sollte sie Kit vielleicht doch von ihm erzählen?

Kit zieht sie hoch und die beiden gehen ins Wohnzimmer, wo Oota Dabun am Tische sitzend am Tee nippt. »Setzt euch, ihr Turteltäubchen. Ich bin sicher, ihr werdet noch viel Zeit miteinander verbringen können. Aber auch das hier ist wichtig.» Sie wendet sich Naida zu und schenkt ihr Tee ein. »Morgen Abend findet hier bei mir der wöchentliche Meditationsworkshop statt. Nur in kleinem Rahmen für liebe Menschen, die die spirituelle Arbeit schätzen. Es würde mich sehr freuen, wenn du dich dazu gesellst!» Ootas Augen leuchten tief.

Naida freut sich sehr über dieses Angebot. »Sehr gerne, Oota Dabun. Eure Traditionen und Riten interessieren mich sehr.

Vielen Dank für diese Einladung!»

Kit räuspert sich. »Du müsstest mit den öffentlichen Verkehrsmitteln kommen, Naida. Ich bin morgen Abend an einer politischen Diskussionsrunde in der Stadt eingeladen und komme zudem erst spät heim.»

»Du könntest sie ja dann heimbringen. Ich möchte nicht, dass sie so spät abends alleine unterwegs ist,» fügt Oota hinzu.
Kit nimmt Naidas Hand. »Wenns dir recht ist?» Naida lächelt. »Klar ist es das, vielen Dank.»

Der restliche Abend verläuft sehr gemütlich. Oota Dabun fragt Naida über ihre medialen Talente aus. Es interessiert sie sehr, wie sie Verstorbene wahrnimmt und wie sie damit umgeht.

»Ich habe noch nie mit einem europäischen Medium gesprochen. Allerdings habe ich viel darüber gelesen. Ich vermute, es geht um dieselben Wahrnehmungen, die wir in der Oberwelt mit unseren Ahnen erleben. Mit dem Unterschied, dass wir andere Zugangspraktiken und andere Bezeichnungen benutzen.»

Naida nickt. »Das kann ich mir gut vorstellen. Die schamanische Art, mit den Ahnen Kontakt aufzunehmen, fasziniert auch mich sehr. Ich muss allerdings gestehen, dass ich selber bislang keine intensiven Rituale zur Verbindungsaufnahme mit der Geistigen Welt benötigt habe, es passiert einfach. Die Geistige Welt ist präsent.» Naida senkt den Blick, Oota nickt. »Das heisst, bis vor meiner Krankheit. Seither hab ich sie nicht mehr wahrgenommen.» Sie schaut Oota Dabun an. »Immerhin spüre ich seit einigen Wochen meine Geistführerin Maya wieder. Aber richtige Gespräche wie früher führen wir immer noch nicht. Ich wüsste gerne warum.»

Die Schamanin drückt ihr einfühlsam die Hand. »Oft, wenn wir uns abgeschnitten fühlen oder meinen, dass wir nichts mehr wahrnehmen, finden in Wahrheit grossartige Dinge statt. Das ist ähnlich, wie es das Stichwort »die Ruhe vor dem Sturm» ausdrückt. Du als Wahrnehmende brauchst aus einem guten Grund diese Wahrnehmungspause, vertraue darauf. Du wirst gerade unterrichtet.»

Die beruhigende Stimme und die sanfte Berührung durch die weise Frau scheinen Naida in eine andere Dimension zu versetzen. Dies fühlt sich an, als ob sie in einem bewegungsfreien Raum wäre, der gefüllt ist mit Liebe und Wohlwollen.
Die Schamanin fährt fort. »Ich bin mir sicher, dass dies alles seinen Grund hat, und dass die Zeit kommen wird, wo du

verstehen wirst. Und ich bin mir sicher, dass es in nächster Zeit darum geht, dass wir zwei soviel wie möglich zusammen sind. Ich freue mich sehr darauf.» Sie lächelt Naida an. »Ich freu mich auf dich!» sagt sie mit Nachdruck.

Naida scheint es, als ob eine warme Hand ihr Herz umgibt und von da aus Heilung fliesst.

»Ich kenne dich noch nicht so gut. Aber ich sehe, dass du gute Meditationspraktiken in dir hast und zur Zeit zögerst, diese regelmässig anzuwenden. Tu es. Vor allem diejenige mit der heilenden Grotte. Du wirst dort für dich selbst Heilung erfahren. Und in der Zwischenzeit würde es mich freuen, wenn wir voneinander lernen.»

Naida ist sprachlos vor Rührung. Es überrascht sie nicht im Geringsten, dass Oota all diese Details von ihr kennt. Ihre Augen füllen sich mit Tränen und spontan steht sie auf und umarmt die bislang unbekannte Frau. Es kommt ihr vor, als ob sie die Liebe persönlich umarmt. »Vielen, vielen Dank, Oota. Ich fühle mich geehrt über dieses Angebot. Ich nehme es sehr gerne an.»
Oota Dabun lächelt über Naidas Schulter in die Luft. Langsam wiegt sie Naida in ihren Armen. »Ich danke DIR, mein Kind, ich danke dir.» denkt sie. Dann winkt sie ihrem Sohn, er soll

sich auch zur Umarmung gesellen.

So stehen die drei einige Zeit, sich innig umarmend in der Stube, im bewegungsfreien Raum voller Liebe und Geborgenheit.

Die folgende Woche ist eine der aufregendsten in Naidas Leben. Der Montag morgen beginnt zuerst wie viele Montage, seit Naida in Montréal ist. Akemi, die Eifrige, ist schon weg zur Uni. Dominique sitzt in ihrem Schlafanzug in der Küche, mit verwuschelter Frisur und ihrer grossen Tasse Kaffee in der Hand und studiert die Zeitung. Naida schmunzelt. Ohne Worte geht sie zu ihrer mütterlichen Freundin, um sie fest zu umarmen.

»Na, guten Morgen, ma chère,» sagt Dominique leise, überrascht über Naidas Anhänglichkeit. Sie schiebt die junge Frau mit beiden Armen ein wenig von sich, um sie eingehend im Gesicht zu betrachten. »Tu vas bien, Naida?»

Naida erwidert den liebevollen, aber nachforschenden Blick. »Oui. Oui, je vais super bien.» Dann umarmt sie Dominique nochmals, bevor sie in die Küche geht und sich einen frischen Kaffee einschenkt. »Und dir, wie geht es dir?» Sie zwinkert Dominique zu, eine nonverbale Anspielung auf Dominiques neuesten Lover Tom. »Tom ist schon wieder weg?»

»Ja, heute in der Früh. Es wird einige Tage dauern, bis wir uns wieder sehen.» Ihre Augen funkeln. »Es war ein wuuuuunderschönes Wochenende mit ihm, einfach traumhaft.»

Naida kommt wieder aus der Küche zurück, diesmal mit einem gefüllten Frühstücksteller. »Und das Essen gestern? Kocht er gut?»

Dominique lacht laut auf. »Na ja. Akemi und ich mussten ihm ein wenig helfen. Er hat die Spaghetti ohne Salz gekocht. Akemi hat es zum Glück realisiert, bevor die Teigwaren vom Herd genommen werden mussten. Dafür mussten wir die Sauce nicht nachwürzen.» Ihr Gesicht verzieht sich aufgrund der Erinnerung. »Sie war derart scharf, dass sogar Akemi, die sich Schärfe im Essen gewohnt ist, Naturjoghurt darunter mischen musste.» Dominique kichert. »Aber abgesehen davon war es köstlich. Ich vermute, wenn er nicht gerade verliebt ist, ist er ein ganz guter Koch.»
Naida kann sich die Szene lebhaft vorstellen und lacht. »Ihr habt es bestimmt lustig gehabt.»
Dominique nickt. »Ja, das auf jeden Fall. Und du? Wie war's bei dir und Kit?» Ihre Stimme schwillt an vor lauter Aufregung

und Spannung, was Naida zu erzählen hat. Sie kriegt alles zu hören, sämtliche Details zur Wohnung und zum Essen. Und alles, was Naida gestern über das Leben von Oota Dabun erfahren hat.
»Und, hast du diese Grottenmeditation inzwischen schon gemacht?»

Naida nickt. »Ja, heute Morgen. Es war wieder wunderschön. Es ist eine Meditation, die mir die Geistige Welt vor einigen Monaten eingegeben hat. Ich weiss nicht, weshalb ich diese wunderbare Erfahrung in all diesen Wochen unbewusst verschmäht habe. Aber ich nehme sie mir nun jeden Morgen vor. Und heute Abend bin ich zur Teilnahme an Ootas Zirkel eingeladen.»

Dominique nickt. »Geh da unbedingt hin! Ich bin mir sicher, dass du deinen Horizont erweitern wirst. Und danach will ich alles wissen!» Sie lacht herzlich. »Kennst mich doch.»
Naida lacht zurück. »Kein Thema, ma chère. Es tut mir gut, dass ich dir alles erzählen darf.»
Dominique steht auf und streckt sich, bevor sie sich in der Küche einen Apfel holt. »Wie sieht es bei dir mit deinen Plänen aus? Ist nicht deine Unizeit bald zu Ende?» Sie setzt sich wieder und schneidet die Frucht in kleine, mundgerechte Stücke. Naida holt Luft, um ihr zu antworten, als neben ihr das

bekannte Geräusch einer reinkommenden SMS ertönt. Beide Frauen schauen neugierig auf das Mobilgerät, wo der Name »Maurice» aufblinkt. »Lies die Nachricht, Naida. Wir sprechen nachher über deine Pläne.» Dominique nimmt wieder die Zeitung hervor und zeigt Naida auf diese Weise, dass sie ihr die nötige Privatsphäre zum Lesen der Nachricht geben möchte.

Naida liest die Nachricht vor, und Dominique legt ihre Zeitung wieder auf die Seite. »Er ahnt wohl, dass du ihm die »Beziehung» kündigen willst, nicht wahr?» meint sie.

»Ja. Es sieht so aus. Aber er ist schon immer sehr einfühlsam gewesen. Soll ich mich von ihm abholen lassen, was meinst du?» Naida schaut auf. »Er müsste mich dann wieder heimbringen. Das könnte ungünstig sein, nachdem ich ihm von Kit erzähle.»

Dominique überlegt. »Andererseits kennst du Maurice als erfahrenen Gentleman. Er wird damit zurecht kommen und es wird ihm wichtig sein, dass du sicher zu Hause ankommst. Wie wäre es für dich, wenn er dich danach doch heimbringt?»

Naida schaut Dominique in die Augen. »Du hast den Nagel wieder einmal auf den Kopf getroffen», flüstert sie. Während dem nächsten Schluck Kaffee überlegt sie sich Dominiques Worte. »Ich glaube, wir beide sind erwachsen genug, um darüber zu stehen. Ich wäre sehr froh, wenn er mich heimbringt. Zudem würde ich mir wünschen, dass Maurice und mich weiterhin eine gute Freundschaft verbindet.»

Dominique steht auf, geht in die Küche um die Tasse abzuwaschen. Als sie zurück kommt, drückt sie Naida liebevoll die Schultern. »Du wirst das schon machen. Ich geh mich rasch anziehen und wir sehen uns später, OK?»

Naida isst ihr Frühstück zu Ende. Dann bestätigt sie Maurice seinen Vorschlag. Aber die Frage von Dominique, welche Pläne sie nach der Uni hat, lässt sie nicht los. In all dem Trubel hatte sie komplett vergessen, dass sie nur für sechs Monate an der Uni eingeschrieben ist. Geplant ist gewesen, dass sie das zweite Halbjahr in einer Firma ein Praktikum macht. Dummerweise hat sie all das im Zuge der vergangenen Geschehnisse vergessen und versäumt, sich um eine Stelle zu kümmern. Zudem musste sie mit Dominique darüber sprechen, ob sie das Zimmer weiterhin mieten könnte. Denn Dominiques Dienstleistung ist über die Universität organisiert worden und läuft für sie theoretisch gleichzeitig aus, wie das Studium.

1. Schutzengel-Energie

Tief seufzend nimmt sie den letzten Schluck Kaffee. »Nur ruhig bleiben,» sagt sie sich selber. »Es hat immer alles seinen Sinn.» Zwei, drei tiefe, bewusste Atemzüge helfen ihr, um ihre innere Gelassenheit wieder zu spüren. Auf einmal merkt sie, dass sie nicht mehr alleine ist. Sie schaut sich um und sieht Maya und zwei andere, nicht klar erkennbare Wesen neben ihr sitzen. Sie kann Maya wieder sehen! Welche Überraschung! In dem Augenblick, als sie ihrem Schutzengel zulächelt, spürt sie die verdichtete, liebevolle und für Maya typische Energie um sich herum. In Naidas Augen versammelt sich Tränenwasser.

»Maya, ich sehe dich wieder! Wie schön!» Naida merkt nicht, dass sie vor lauter Aufregung laut spricht. Maya lächelt sie an. Naida sieht sie im Sekundentakt den Platz wechseln, einmal rechterhand neben ihr auf dem Stuhl sitzend, einmal vor ihr neben dem Tisch stehend.

»Ja, es ist wunderbar, dass du mich wieder sehen kannst, Naida. Sei gegrüsst, ich bin sehr glücklich darüber.» Mayas Energie verdichtet sich noch mehr, als ob sie Naida umarmen würde. »Sei unbesorgt wegen deinem Praktikumsplatz. Es ist schon etwas in Vorbereitung. Vertraue.»

Naida lächelt. Sie hätte es wissen müssen. Schon ihr ganzes Leben lang hatte es so funktioniert. Sie hatte liebevoll darum gebeten, was sie wollte, und dann vertrauensvoll und geduldig gewartet. Auf diese Weise hatten sich alle ihre Wünsche erfüllt, oder es hatten sich andere, sehr gute Lösungen gezeigt. »Du hast recht, Maya. Danke für die Erinnerung. Vielen Dank.»
Naida spürt jetzt einen Schauer über ihren Rücken laufen und ihre Dankbarkeit verstärkt sich. Einmal mehr realisiert Naida, wie sehr sie der Geistigen Welt und ihrer Führung vertrauen kann. Innerlich verbeugt sie sich dankend. »Danke, dass ich Kit und Oota Dabun kennen lernen durfte.» sagt sie, inzwischen mit geschlossenen Augen da sitzend.
»Ja, ein schönes Beispiel, das aufzeigt, dass ein Überfall zwar schrecklich sein kann, wohl aber seine guten, übergeordneten Gründe hat.» Maya lächelt. »Ich bin hier, um dich an dein Vertrauen zu erinnern. Freue dich auf das, was kommt, Naida. Dein Leben wird sich komplett verändern. Dies soll dich nicht sorgen. Freue dich, so wie du es immer gemacht hast, auch als Kind.»

Naida kommen augenblicklich Szenen aus ihrer Kindheit in den Sinn. Situationen, in welchen sie kindlich naiv und vertrauend das Leben als Wundertüte empfunden und somit auch so erfahren hat.
»Verliere das nicht, Naida. Ohne diese Leichtigkeit hättest du

einen riesigen Berg voller Sorgen und negativer Gefühle, die dein Leben erschweren würden.»

Naida weiss genau, wovon Maya spricht. Wenn es nur immer so einfach wäre! Trotzdem ist ihr bewusst, dass sie dank ihrer medialen Fähigkeiten und ihrer wunderbaren Kindheit bessere Voraussetzungen dafür hat, optimistischer und vertrauender ausgerichtet zu sein, als die meisten Menschen, die sie kennt. »Was ist mit meiner Krebs-Krankheit?»

Maya lächelt. »Vertraue auch hier. Bleib weiterhin offen. Ich bin sehr zuversichtlich. Auch sie hat ihren Grund! Freue dich über die Erfahrungen mit Oota Dabun.» Mayas Energie verdichtet sich für einige Sekunden noch stärker, bevor sie wieder abnimmt, um zu verschwinden.

Naida öffnet ihre Augen und sucht die zwei Plätze ab, wo sie Maya vorhin gesehen hat. Sie ist weg. Das wunderbare Gefühl in ihrem Herzen ist aber noch da. Sie atmet nochmals bewusst tief ein und aus, sich innerlich bedankend. In solchen Momenten könnte sie überfliessen vor Demut und Dankbarkeit.

Entschlossen steht sie auf, um diesen Tag und diese Woche anzupacken.

Sie nimmt Maya wieder wie früher wahr! Diese Erkenntnis lässt sie auf dem Weg nach oben in die Luft springen. »Yeah!« Ihr Jauchzer ist bis nach unten zu hören.
Es ist Nacht. Sie sitzt wieder vor dem Feuer, im Kreise vieler Menschen, neben sich die Indianerin Oota Dabun.

Trommeln geben einen Rhythmus vor, der sich mit jedem Schlag mehr und mehr mit ihrem Puls vereint. Ihr Kopf fühlt sich geöffnet an, ihr Geist scheint sich auszudehnen; über ihren Körper, über die Runde hinweg bis hoch über die Bäume. Von oben sieht sie auf das Zeremoniell hinunter. Es ist ein riesiges Feuer. Sie zählt 15 Menschen, die darum herum sitzen und sich im Rhythmus der Trommeln bewegen. Alleine durch den Gedanken daran erhebt sie sich noch höher und sieht den Wald um die Zeremonie herum. Und noch höher sieht sie, wie weit sich der Wald in den dunklen Horizont hinein zieht und in der Ferne von einem Fluss abgegrenzt wird. Sie beschliesst, wieder in ihren Körper zurück zu gehen. Und alleine durch den Beschluss, sieht sie alles wieder aus der Perspektive ihres Körpers, aus ihren physischen Augen heraus. Links von ihr beginnt sich die Schamanin auf ihre Füsse zu stellen, sich immer schneller und rascher zu den Trommeln bewegend. Gleichzeitig realisiert sie, dass es die Schamanin selber ist, die den Takt dieser Trance mit dem eigenen Instrument vorgibt. Ihre Bewegungen werden immer schneller.

Naida kommt es vor, als ob sie alles loslassen kann. Ein wunderbares Gefühl von Getragen-werden, von Beschützt-sein und in Sicherheit-sein kommt auf. Nach einigen Minuten darin Verweilen, wird die Klangwelle wieder ruhiger, Geist und Seele kommen in der Mitte an, eine angenehme Erschöpfung kommt auf und mündet in mitten des Herzens. Die Trommeln sind ruhig geworden. Um sie herum hört sie Atemzüge verschiedener Menschen. Naida konzentriert sich wieder auf ihren eigenen Atem. Ein wunderbares Ankommen in ihr selbst, das Ausbreiten von Frieden und Einklang. Langsam öffnet sie ihre Augen.

Naida sitzt in der Runde des schamanischen Zirkels bei Oota Dabun zu Hause. Oota lächelt sie an und legt ihr ihre Hand auf den linken Arm. Alles in Ordnung? Scheinen ihre Augen zu fragen. Naida nickt und lächelt leicht. Ihre Augen zählen die Menschen, welche um die Kerze in der Mitte herum sitzen. Es sind zwölf ohne Oota und sie selbst. Wo ist der Fünzehnte, den sie in der Trance von oben gesehen hat?

»Es war ein weisser Mann», sagt eine ältere Frau ungefragt neben ihr. Sie schaut Naida mit runden, gütigen Augen an. Vor Beginn des Abends hat sie sich mit Namen vorgestellt, aber Naida weiss ihn nicht mehr. »Woher ich es weiss?» sagt diese lächelnd. »Wir alle haben dasselbe gesehen wie du.»

Oota Dabun ergreift das Wort, indem sie ihre Arme in die Luft hebt, die Augen schliesst und mit sanfter Stimme eine Segnung spricht.

»Spirit, Geist unser aller über uns und in uns. Wir danken für diese wunderbare Erfahrung um unseren eigenen Geist zur Ruhe und in die Gelassenheit zu führen. Wir danken für dein Geleit und deinen Schutz.»
Mit einem tiefen Atemzug fährt sie weiter.

»Ich bitte um Schutz für alle unsere Lieben. Für alle, die uns wohlgesinnt sind und Gutes erreichen möchten. Ich bitte aber auch für die, die sich dem Bösen, Anamaqukiu, zuwenden, ob sie es wissen oder nicht. Ich bitte für uns alle im Alltag, für innere Freude, Heilung und Liebe. Ich bitte für unsere Sache, unsere Gemeindevision. Mögest du uns die Kraft und das Gelingen geben! So sei es.»

Ein gemeinsames Gemurmel geht durch die Runde. Die Menschen nicken mit geschlossenen Augen mit dem Kopf. Die Zeremonie ist beendet.

Eine Frau zur Rechten von Oota Dabun geht in die Küche und bereitet einen Kräutertee zu, den sie einige Minuten später hereinbringt. Bedächtig schenkt sie ein und verteilt die kleinen

Teebecher aus Keramik. Alle Teilnehmer nehmen einen Schluck. Es herrscht eine angenehme Stille in vertrauensvoller Gesellschaft. Als Naida ihren ersten Schluck genommen hat, wird sie von Oota Dabun angesprochen.

»Wir alle haben 15 Teilnehmer gezählt, wie du.» Sie nickt in die Runde. »Wer weiss mehr über die 15. Person?»

Die ältere Dame von vorhin meldet sich wieder. »Er war weiss, wie Naida.»

Nicht alle in diesem Abendzirkel sind indianischer Abstammung. Oota Dabun öffnet ihre Veranstaltungen ganz gemäss ihrer Vision allen Kulturen mit dem gegenseitigen Anspruch zur Offenheit und Toleranz. Es ist noch eine spanische Mittdreissigerin da und eine asiatische Frau, deren Alter schwer bestimmbar ist. Aber die Dame neben ihr hat recht: ausser Naida hat es heute Abend keine Weissen mehr.

Ein Mann sagt mit geschlossenen Augen, den Kopf in Richtung Boden gerichtet: »Er fühlt sich väterlich an. Ich versuche, sein Gesicht ganz zu sehen. Er hat neben mir gesessen.»

Naida staunt über die Leichtigkeit, mit welcher in dieser

warmen Runde übersinnliche Wahrnehmungs-Fähigkeiten geübt werden.

Der Mann redet weiter. »Er ist grösser als ich und sehr schlank, wenn nicht sogar dünn. Sein Gesicht ist länglich und hager. Er hat kurze, dunkeblonde Haare. Er lebt nicht hier. Nicht mehr. Er lebt in Europa.» Er öffnet wieder die Augen und sieht Naida direkt an. »Sieht dein Vater so aus? Er fühlt sich sehr väterlich für mich an, und im Augenblick stehe ich für die Zielperson, also für dich.»

Naida holt im inneren Auge das Bild ihres Vaters hervor - und sofort kommt ihr dasjenige in den Sinn, welches sich in den vergangenen Monaten in verschiedensten Situationen vor ihr inneres Auge geschoben hat! Sie schiebt es weg und versucht, die Beschreibung des Mannes mit anderen Erinnerungen an ihren Vater zu überprüfen. Dann nickt sie. »Ja, diese Beschreibung passt auf meinen Vater. Was bedeutet dies alles?»

Stille. Oota Dabun ergreift wieder das Wort. »Wenn du und die anderen einverstanden sind, verbinde ich mich mit Spirit und frage nach. Aber die ganze Runde soll einverstanden sein, weil es nur um dich geht.» Sie schaut jeden Einzelnen direkt an. Keiner wiederspricht. Alle sind zu neugierig über den Ausgang der Geschichte. Naida nimmt das Angebot gerne an. Was hat ihr Vater in der Vision der Gruppe zu suchen?

Oota Dabun setzt sich aufrecht hin und hebt ihre Arme, schliesst ihre Augen. Durch die halb geöffneten Lippen lässt sie einen vibrierenden Ton erklingen. Naida beobachtet, wie sich Ootas Aura mit jeder Minute mehr verändert, sich nach oben öffnet und verschiedene Farben kursieren. Plötzlich atmet Oota sehr intensiv ein- und aus, streckt ihren Oberkörper ruckartig durch und lässt ihre Arme erschöpft sinken. Als sie wieder einen ruhigen Puls hat, öffnet sie die Augen und erzählt, was sie erfahren hat.

»Zuerst sah ich diesen Mann mit einem kleinen, braunen Aktenköfferchen vor einer Haustüre stehen. Er klingelt und redet mit den Leuten, geht dann wieder weiter.»

Naida weiss sofort, dass es nur ihr Vater sein kann. Ein hervorragender Beweis ist diese Vision, denn er besitzt eine braune Aktentasche und geht als Handelsvertreter vor fremde Türen.

»Dann sah ich ihn als junger Mann. Er lebte hier in Kanada, hier in Montréal. Er hielt sich unter Unsrigen auf. Er hatte eine indianische Frau. Er war sehr glücklich.»

Naida kommt aus dem Staunen nicht mehr heraus. »Ja, ich weiss, dass er vor Jahren in Montréal gewesen war. Aber der Rest kann unmöglich sein. Er ist mit meiner Mutter verheiratet.» Oder konnte es doch sein? Sie beide hatten sich erst nach seiner Reise kennen gelernt und bald darauf geheiratet. Kann es sein, dass ihr Vater ein Geheimnis mit sich herumträgt?

»Die junge Frau an seiner Seite war schwanger. Sie hatte ihr Kind verloren und ist einige Stunden später auch verstorben.» erzählt Oota weiter. Sie schaut Naida prüfend an. »Sagt dir das was, Naida?»

Naida schüttelt traurig den Kopf. »Es kann nicht sein, dass dies mein Vater ist. Er hätte uns doch etwas darüber erzählt.» Sie realisiert, dass nun die ganze Gruppe begonnen hat, leise zu summen und ihre Oberkörper langsam hin- und her zu wiegen. Sie wird traurig, ihre Gedanken drehen sich im Kreis. Redete er deshalb so wenig? War diese Erfahrung der Grund, weshalb er nichts mit ihren medialen Fähigkeiten zu tun haben wollte?

Als ob sie ihre Gedanken liest, fährt Oota fort. »Es ist etwa 25 Jahre her. Seine Frau liess sich von einem Schamanen aus einem Stamm hier in der Nähe beraten und bei der Geburt begleiten. Sie wollte keinen Schulmediziner bei sich haben.»

Naida begreift in dem Moment, dass es die Wahrheit ist. Sie weiss es, einfach so. Sie beginnt zu weinen. Aus dem Nichts heraus. Die Tränen fliessen. Als ob sie sich für jemanden entschuldigen möchte, als ob ihr etwas fest leid täte. Leider kann ihr ihr Verstand nicht sagen, worum es geht.

Das Summen der Gruppe wird lauter und Naida fällt noch tiefer in ihre aufkommenden Gefühle hinein. Je tiefer sie fühlt, um so mehr Tränen lösen sich. Sie sitzt hier in der Runde und das Wasser fliesst ihr über die Backen, als ob es sich um einen Fluss handelt! In ihrem Bauch, tief drin, scheint sich ein Knopf zu lösen, Schluchzer rollen aus ihrem Mund. Oota Dabun nimmt sie fest in ihre Arme und wiegt sie hin und her, währenddem Naida weint und weint. »Lass es raus meine Liebe, lass es raus. Es ist nicht dein Eigenes, aber es haftet emotional an dir. Lass es gehen. Verzeihe, sende Liebe und lass los.»

Konnte es so gewesen sein, dass sich ihr Vater über den schmerzlichen Verlust hinweg von Kanada und gleichzeitig von übersinnlichen Fähigkeiten jeglicher Art abgewendet hatte? War das der Grund, weshalb er nie viel sprach? War all das der Grund, weshalb er ihr als Kind schon zu verstehen gegeben hat, sie solle schweigen, wenn sie ihre Wahrnehmungen mitteilen wollte? Die Tränen werden intensiver, von tief unten kommen Schluchzer hoch. Oota wiegt sie immer noch. Weshalb hat er nie etwas erzählt? Ob ihre Mutter davon weiss?

Die beiden sitzen einige Minuten eng umschlungen da, begleitet von der grösseren, immer noch summenden Runde. Heilung, Trost und Frieden strömen in die Herzen, und irgendwann löst sich Naida von Oota. Mit unendlicher Dankbarkeit drückt sie deren Oberarme, bevor sie sich wieder gerade hinsetzt. In ihrem Inneren hat sich etwas geklärt, das ist klar. In ihrem Verstand allerdings noch nicht. Sie hat jetzt nur noch eines im Kopf: so rasch wie möglich mit ihrer Mutter zu telefonieren.

Oota Dabun bedankt sich bei der Runde, die Runde bedankt sich still mit nickendem Kopf zurück. Der Tee wird leer getrunken und Oota löst den Zirkel mit einem liebevollen Lächeln auf. Die Teilnehmer stehen auf, strecken sich, umarmen sich gegenseitig. Naida geht zu jedem und bedankt sich. Manchmal mit Worten, mit einem Händedruck, manchmal mit einer innigen Umarmung an Menschen, die sie vor heute noch nie gesehen hat. In ihrer Herzgegend fühlt sie eine breite Wärme, die signalisiert, dass es ihr dort gefällt und sie so schnell nicht wieder geht. Naida lächelt in sich hinein. Als alle gegangen sind, hilft Naida Kitchis Mutter beim

Abwaschen der Keramikbecher. Eine Weile verrichten beide ihren Teil stumm, bis Oota das Wort ergreift.

»Es würde mich sehr freuen, liebe Naida, wenn wir einander öfter sehen könnten. Ich spüre, dass wir beide einander unterrichten und voneinander lernen können. Dieser Abend hat tiefe Heilung in dir, in deinem Vater und seiner verstorbenen ersten Familie hervorgerufen. Die Tatsachen, dass du hierhergeführt worden bist und starke Fähigkeiten in der Wahrnehmung hast, sagen mir, dass du einen schamanischen Weg gehen könntest. Wenn du möchtest.» Sie unterbricht den Abwasch und schaut Naida tief in die Augen. »Es ist ein Angebot, eine Chance. Überlege es dir, besprich es mit deinem Schutzengel. Denn für dich wird dieser Entscheid wegweisender als andere Entscheide sein.»

Obwohl Naida perplex auf dieses ehrenwerte Angebot reagiert, spürt sie in ihrem Innern, dass Oota die Wahrheit spricht. Es fühlt sich für sie als die einzig logische Option an. Auch wenn ihr Verstand im selben Augenblick mit der Tatsache, dass sie einen Praktikumsplatz finden müsste, Einspruch erhebt. Ihr Herz und ihre Intuition verbinden sich mit Oota und deren Aussage.

»Was du sagst, ist mir eine grosse Ehre, Oota Dabun. Ganz

herzlichen Dank dafür. Ich werde mich gerne mit Maya darüber beraten.»

Oota lächelt und wendet sich den letzten Handgriffen im Waschbecken zu. »Kit kommt in einigen Minuten heim. Wenn du willst, geh ruhig schon in sein Zimmer. Ich danke dir fürs Abtrocknen des Geschirrs.»

Naida hängt das feuchte Tuch wieder fein säuberlich auf und geht in Kits Zimmer, wo sie sich auf den Bürostuhl setzt. Es ist jetzt fast 22 Uhr nachts. In der Schweiz ist es noch Nachmittag. Sie nimmt ihr Mobiltelefon und ruft ihre Mutter an.
»Bäcker?»
Die liebevolle, warme Stimme ihrer Mutter lässt ihr augenblicklich wieder Tränen in die Augen kommen.
»Mami, hoi!» Sie schnieft und wischt die Tränen mit einem Taschentuch weg. »Ich bin's. Wie geht es dir?»
»Naida! So schön wieder mal von dir zu hören! Gehts dir nicht gut?» sagt sie besorgt.

Naida hat sich wieder gefasst. »Es geht mir gut, danke. Entschuldige, dass ich die vergangenen Tage nicht angerufen habe. Es ist sehr viel los hier. Ich möchte mich kurz fassen.»
»Liebes, ist doch kein Thema, du kennst mich doch. Wie läuft

es mit der Chemo?»
»Naja, darüber wollte ich eigentlich nicht sprechen, Mami.»
Typisch Mütter; sie treffen immer genau die Knöpfe, die man nicht betätigen will. »Mach dir keine Sorgen. Ich habe grad Pause damit. Ich möchte dich etwas anderes fragen.»

»Du weisst wie froh Papi und ich sind, dass du dich für die Chemo entschieden hast. Es erleichtert uns sehr.»
Naida verdreht ihre Augen.
»Nur schade, können wir dir nicht beistehen. Aber Dominique scheint eine sehr liebe Frau zu sein. Was willst du mich fragen?»

»Mami, ich hab' hier sehr spannende Menschen kennen gelernt. Sie sind indianischer Abstammung.» Naida holt Luft.
»Hast du dich verliebt?»
»Mami! Wirklich, jetzt hör mir bitte einfach zu!» Naida glaubt es fast nicht. Obwohl sie diese Frage unerwartet trifft, muss sie innerlich über ihre Mutter schmunzeln.
»Ist ja gut, bitte entschuldige. Ich wollte dich nicht unterbrechen. Erzähl weiter.»
»Nun, ich verbringe viel Zeit mit ihnen. Heute Abend war ich an einer meditativen Übung mit dabei, die eine liebe Frau, eine Schamanin namens Oota Dabun, geleitet hat.» Naida holt wieder Luft. »Sag mal; kann es sein, dass Papi damals, als er in

Montréal gewesen ist, mit Indianern zu tun gehabt hatte?» Endlich ist es raus. Gespannt wartet sie auf die Antwort. »Naja, das kann natürlich sein. Ich weiss es nicht. Er hat einmal erzählt, dass er vieles erlebt hat. Er war ja einige Monate dort. Warum fragst du?»

Naida wartet. Ob sie es ihr sagen soll? Oder ob sie besser direkt mit Papi reden sollte? Sie beschliesst, ein halbes Risiko einzugehen. »Mami, ich habe Hinweise darauf, dass Papi hier schon einmal verheiratet gewesen ist. Kann das sein? Was meinst du?»

Stille. Ihre Mutter überlegt. »Mmh. Du, das stimmt. Er hatte nach deiner Geburt mir gegenüber erwähnt, dass er schon einmal verheiratet gewesen war. Aber, ehrlich gesagt, hat er mir nie mehr davon erzählt. Und ich habe nie nachgefragt, aus Rücksicht. Du kennst ihn ja. Er ist selten sehr gesprächig. Eines ist sicher: Es muss sehr schmerzvoll gewesen sein. Ich war allerdings nie auf die Idee gekommen, damit eine Verbindung mit seinen Monaten in Kanada zu machen.» Die Verblüffung ihrer Mutter ist durchs Telefon gut zu spüren.

»Es tut mir leid, Mami. Ich will nichts aufwirbeln. Und schon gar nicht dich beunruhigen. Allerdings ist es sehr wichtig für mich, dies aufzuklären. Du weisst ja, ich sehe immer wieder und ganz unerwartet Papis Portrait als Vision vor meinem inneren Auge. Solche Dinge haben immer was zu sagen.»

»Ja, mein Liebes. Du hast Recht. Mach, was dir dein Bauchgefühl sagt!» Sie hat sich wieder gefangen und spricht mit ihrer normalen, ruhigen Stimme. »Möchtest du ihn selber fragen? Du kannst ihn auf dem Mobiltelefon erreichen. Er kommt erst Ende Woche wieder heim.»

»Ich überleg's mir.» Naida umarmt ihre Mutter innerlich.
»Danke, Mami.»
»Gerne, mein Liebes. Ich bin für dich da. Vergiss das nicht.»
»Ja, danke. Ich weiss.» Naida will schon aufhängen.
»Und wie war das nun mit dem Verliebt sein?»
»Mami! Wirklich!»
Ihre Mutter kichert. »Ein kleiner Scherz, bitte entschuldige. Ich weiss, dass du von dir aus darüber redest, wenn du soweit bist.»
Naida muss jetzt selber lachen. In dem Moment öffnet sich die Tür um einen Spalt und Kit streckt seinen Kopf rein und grinst.

»Ich mache jetzt schluss, OK? Ich danke dir, Mami! Wünsche dir en schöne Obe. Tschü-üüss!»
»Tschüss, meine Liebe!»
Naida hängt auf und lächelt Kit an.

Kit ist auf der ganzen Heimfahrt sehr aufgeregt gewesen. In seinem Kopf schwirrten noch Sätze und Emotionen aus der vergangenen Diskussionsrunde im »Vieux Montréal», der Altstadt von Montréal, herum. Schliesslich hielt er irgendwo an und rieb sich den Kopf.

Er hatte nicht gewusst, dass diese Diskussionsrunde im lokalen TV »Télé Québec» übertragen werden soll. Er hätte sich ansonsten anders angezogen und wäre bestimmt auch anders vorbereitet gewesen. Ursprünglich hatte er die Diskussionseinladung von einer städtischen Kommission erhalten, die sich um kulturelle Interessen der Montréaler Bewohner zu kümmern hat. Seine Gedanken gehen zurück. »Monsieur Frazer», sagt eine taffe Journalistin in forderndem Ton, »behaupten sie allen Ernstes, dass der Mensch mit verschiedenen Kulturen unter einem Dach miteinander auskommt? Das ist doch naiv!» Provozierend streckt sie Kit ihr Mikrofon entgegen.

Bevor er antworten kann, wird er von der Moderatorin Juliette auf einen Stuhl im Scheinwerferlicht gedrückt. »Sagen sie jetzt noch nichts. Warten sie, bis wir die Sendung offiziell beginnen.» Juliette flüstert es ihm ins linke Ohr, bevor sie wieder wegrauscht.

Während er unruhig auf seinem Stuhl herumrutscht, erkennt er neben sich einen der zehn politisch links amtierenden Stadträte. Dieser nickt ihm zu. Aus Stellungnahmen in der städtischen Tageszeitung »La Presse» weiss Kit, dass er hinter den Urvölkern steht und sich für deren Interessen einsetzt. Es wird wohl gut sein, einen erfahrenen Politiker neben sich sitzen zu wissen. Kits Augen schweifen weiter. Neben Monsieur Stadtrat sitzt eine auffällig gekleidete, nicht minder stark geschminkte Mittvierzigerin. Er kennt sie nicht, aber ihren scharfen und verkniffenen Blicken nach zu urteilen, ist sie eine Meinungsgegnerin.

Juliette kommt zurück und setzt sich auf den vierten Stuhl. »Madame« sagt sie in ruhigem und sachlichem Ton zur stark geschminkten Frau, »Messieurs», zu den Herren. »Ich entschuldige mich für dieses Chaos. Ich habe kurzfristig eine Anfrage von Télé Québec erhalten und zugesagt. Ich bin mir sicher, es ist auch in ihrem Sinne. Deshalb ist heute diese Journalistin an der Diskussionsrunde mit dabei.» Sie lächelt jeden Einzelnen an und dreht sich dem Licht zu, um dem Kameramann ein Zeichen zu geben. »Georges, wir sind soweit!»

In der darauffolgenden Diskussion wird Kit von der Journalistin stark in die Ecke gedrängt. Obwohl die

Moderatorin Juliette sich immer wieder Mühe gibt, das Gespräch in wohlgeordnete Bahnen zu lenken, machen es die spitzen Fragen ihrer Kollegin vom »Télé Québec« fast unmöglich.
Dabei kommt die Diskussion nicht einmal in die spannenden Tiefen, die sich Kit erhofft hatte. Alles dreht sich um die oberflächliche Frage, ob die Urvölker an sich überhaupt noch als solche behandelt werden sollen oder nicht. Die stark geschminkte Frau neben dem Monsieur Stadtrat stellt sich als dessen Kollegin Madame Descortes heraus. Sie bringt vehement zum Ausdruck, dass sie nichts davon hält, dass sich die Urvölker in irgend einer Form in das »Rampenlicht« drängen, wie sie es formuliert. Offensichtlich ist sie zwar für die multikulturelle Gemeinschaft, aber nicht dafür, dass sich jemand »vordrängt«. Sie empfindet Kit Frazers Vorstoss für ein eigenes und neues Quartier zum Erhalt der Weskarini völlig deplatziert.
»Monsieur, es ist sehr widersprüchlich, dass sie mit ihrer neuen Kommune zwar verschiedene Kulturen zusammenführen, aber gleichzeitig ihre eigenen Wurzeln intensiv pflegen wollen. Geben sie es doch zu, dass sie hierzu nur egoistische Hintergründe haben! Pah! Von wegen für das Allgemeinwohl!«

Madame Descortes Worte wirken messerscharf und verletzend und treffen Kit direkt in sein Herz. »Was weiss die denn schon?» Innerlich kocht er, was die Journalistin natürlich sofort bemerkt. Sie giesst noch mehr Öl ins Feuer und bestätigt Madame Descortes. Kit reicht's und er schlägt - wohl zu vehement - seine flache Hand auf sein Knie. »Jetzt ist genug, meine Damen, was meinen sie eigentlich, wer sie sind? Sie haben nicht im Geringsten eine Ahnung und erlauben sich von der Ferne, über mich, mein Volk und unser Projekt zu urteilen!» Kits Stimme ist laut und zittert vor Aufregung.

»Nana», mischt sich nun der Stadtrat Blazaré ein. Beruhigend fasst er Kit beim Unterarm und drückt ihn ein wenig. »Ich weiss was Monsieur Frazer uns sagen will und verstehe ihn sehr gut.»
Diplomatisch und in seinen Worten versiert beschwichtigt er das loderne Feuer. »Ich realisiere, dass es hier um eine Grundsatzdiskussion geht. Nämlich darum, ob den Urvölkern Aufmerksamkeit und Gehör gegeben wird oder nicht. Und das ist schade. Denn diese Diskussionsrunde wurde von mir zu einem anderen Zweck zusammen gerufen. Ich habe Herrn Kitchi Frazer eingeladen, um mehr über das Projekt seines Stammes zu erfahren. Nicht, um es zu verurteilen, bevor wir mehr wissen.» Zu Kit gewandt entschuldigt er sich und verspricht ihm einen neuen Termin in seinem Büro.

In der Erinnerung daran muss Kit schmunzeln. Das ist

natürlich nicht die Wendung gewesen, die sich die sensationshungrige Journalistin erhofft hatte. Sie ignorierte die Worte des Stadtrates einfach und lenkte wieder aufs Thema zurück. Kit allerdings konnte sich in der Zwischenzeit fassen.

Er fährt sich nochmals mit gespreizten Fingern durch seine Haare und lenkt seinen Wagen wieder in den Verkehr. Während er das ganze Gespräch nochmals Revue passieren lässt, merkt er, wie sehr er sich für seinen unkontrollierten Ausbruch schämt. »Zum Glück war Stadtrat Blazaré anwesend. Ohne ihn hätte ich alles vermasselt. Gemäss der Journalistin ist diese »Diskussion» sogar live gesendet worden. Ich fasse es nicht!» Kit schüttelt nochmals den Kopf. Dass er es zugelassen hat, dermassen überrumpelt zu werden! Wenn dies nun die ganze Stadt sieht, ist seine Chance, das Projekt grundsätzlich und sachlich vorzustellen, vertan.

Naja. Er kann es im Moment nicht mehr ändern. Seine Gedanken wandern nach vorne zu seinem Zuhause. Er erinnert sich, dass Naida da auf ihn wartet. Ein Lächeln huscht über sein Gesicht. »Naida...»
Eine ungewöhnliche Frau. Noch nie hat er so jemanden getroffen. Die Frauen in seinem Alter hatten nichts als Partys und Vergnügen im Kopf. Oder sie waren von der Sorte, die nur auf das Lernen fixiert sind und ihre eigene Weiblichkeit

und ihr Leben völlig aussen vor lassen. Beides empfand er nie als besonders spannend und anziehend. Aber Naida... was ist es nur, was ihn bei ihr so fasziniert? Sie steht zu ihrer natürlichen Weiblichkeit. Sie ist tiefgründig. Sie interessiert sich für ihn. Sie selbst hat ein spannendes Leben. Oder ob es ihre Talente sind, die sie anders machen? Kit schüttelt den Kopf. Er weiss es nicht. Aufatmend lenkt er in die letzte Strasse ein, wo er parkieren will. Jetzt kann er kaum mehr warten, Naida in seine Arme zu schliessen und ihrem süssen Akzent zu lauschen. Er eilt um die Blocks herum nach Hause.

Naida umarmt ihn verständnisvoll, nachdem er ihr alles erzählt hat. »Wow, das ist dicke Post. Was willst du jetzt tun?» Sie streicht ihm eine imaginäre Haarsträhne aus dem Gesicht. Die beiden haben sich innig küssend begrüsst und sitzen nun auf Kits Bett. Kit berichtet Naida atemlos von seinem Abend.

Kit senkt die Augen und schüttelt den Kopf. »Ich weiss auch nicht. Es bleibt mir wohl nichts anderes übrig, als abzuwarten. Stadtrat Blazaré hat mir noch eine private Audienz versprochen. Das wird unsere Chance sein. Ich hoffe nun einfach, dass dieser Livetalk nicht zuviel Staub aufwirbelt!» Er schaut sie wieder an, umfasst zärtlich ihr Gesicht. »Danke, dass du mir zuhörst und ich alles mit dir teilen darf!»
Naida lächelt, seinem Blick standhaltend. Sie liebt es, wenn er

mit seinen grossen und starken Händen ihr Gesicht liebevoll umfasst. »Aber Kit, das ist doch keine Frage! Je t'en pris! Du bist mir wichtig. Es ist klar, dass ich von dir alles wissen will.»

Sie versinken in einem tiefen und scheinbar nie enden wollenden Kuss. Leidenschaft kommt auf und Kit fragt Naida, ob sie nicht für eine erste, gemeinsame Nacht hier bleiben möchte. Sie unterbricht den zärtlichen Austausch nachdenklich und sinkt erschlaffend in seine Kissen zurück.
»Ich weiss nicht, Kit. Ginge nicht alles zu schnell? Die letzten Tage waren zwar intensiv; trotzdem kennen wir uns noch keine Woche!»

Kit weiss, was sie meint. Auch er ist dafür, nichts zu überstürzen. Allerdings realisiert er nun, dass es nicht darauf ankommt, irgendwelche Prinzipien zu befolgen. »Naida, ich spüre einfach, dass es richtig sein könnte, falls es für dich auch stimmt. Wo ich bisher immer dachte, dass gewisse Prinzipien einzuhalten mir die richtige Partnerschaft verspricht, realisiere ich nun, dass es nicht darum geht.»

Naida schaut ihn neugierig an. »Worum gehts stattdessen, Kit?» fragt sie atemlos. Sie spürt, dass dies ein sehr wichtiger Moment ist.
»Es geht darum, ob wir beide uns bei jedem Schritt

wohlfühlen. Weiss du, was ich meine? Solange wir uns austauschen, uns alles mitteilen und herausfinden, was wir wirklich wollen; solange gehen wir unser eigenes Tempo als Paar.» Er nimmt ihre Hand und schaut in ihre wundervollen, tiefgründigen Augen.

»Ja, ich weiss, was du meinst.» Sie spürt eine Weile ihrem Bauchgefühl nach, bevor sie weiter spricht.

»Ich realisiere nun, dass ich aus einem bestimmten Grund zögere. Es gibt da noch was, was du wissen musst. Nehmen wir uns die Zeit, über alles zu reden, was jetzt ansteht? Dann würde ich von Herzen gerne bleiben, Kit.» Zärtlich erwidert sie seinen Blick.

Eine intensive Nacht folgt, in der die beiden sich austauschen und noch besser kennenlernen. Intensive Gespräche lösen leidenschaftliche körperliche Momente ab. Zwischendurch dösen die beiden für einige Zeit friedlich ein. Naida erzählt ihrer neuen Liebe von Maurice und sie versucht Kit zu beschreiben, was sie für Maurice empfindet und warum sie sich gegen ihn entschieden hat. Kit lauscht ihren Worten und währenddem Zuhören werden seine Liebe und sein Zugehörigkeitsgefühl zu ihr noch tiefer und intensiver. Es ist gut, hat er bis anhin nichts von Maurice gewusst. Es wäre ganz zu Beginn Tatsache gewesen, dass er sich wegen Maurice Naida nicht genähert hätte. Er will doch nicht am Bruch einer Beziehung Schuld sein! Und jetzt, wo er ihr zuhört, lösen Eifersuchtsgefühle und tiefe Loyalität einander ab. Als sie fertig ist, hält er ihre beiden Hände an seine Brust, und während er ihr tief in die Augen schaut, lassen die beiden die Verbundenheit stärker werden und geben ihr Raum.

»Kannst du mit diesem Wissen um Maurice umgehen, Kit?« Naida flüstert und bittet innerlich um seine Zustimmung. Nichts wäre schlimmer für sie, als zwei eifersüchtige Hammel um sich herum zu haben. Sie hat inzwischen Kits Temperament erkannt und weiss aber auch, dass er durchaus auch Gelassenheit leben kann.

»Ich werde es. Ja. Weil ich fühle, dass du aufrichtig bist mit mir. Weil ich weiss, dass du dich für mich entschieden hast.« Er küsst ihre Hände auf seiner Brust. »Unsere Offenheit gefällt mir, Naida. Es wird immer unsere Stärke sein. Lass uns hier einander versprechen, dass wir dies immer sein werden!«

Naida schiessen zum x-ten Mal in dieser Nacht Tränen der Rührung in die Augen. Sie umarmt ihn innig und drückt ihren Körper nah an ihn heran. »JA, Kit. Das werden wir.«
Die Nacht lässt ausserdem Platz für Naidas Erlebnisse in

Ootas Zirkel. Kit staunt nicht minder, als sie von den Erkenntnissen im Zusammenhang mit ihrem Vater erzählt.

»Wirst du ihn nach seiner kanadischen Vergangenheit fragen?»

»Ich weiss nicht. Vorhin habe ich Mami gefragt. Weisst du, Papi ist nicht der Einfachste. Ich denke, ich werde das von Moment zu Moment entscheiden.»

Schutzengel Maya beobachtet die beiden wohlwollend. Sie ist dankbar dafür, dass die jungen Leute heute ihren inneren Impulsen vertraut haben. »Die Zwei ahnen nicht im geringsten, wie wichtig diese Nacht als Basis für ihre Beziehung ist«, denkt Maya seufzend. Auch sie weiss nicht genau, was die Zukunft bringt. Aber eines ist sicher: Es wird turbulent.

Am Dienstag Morgen geht Naida frohen Mutes von Frazers Wohnung in die Uni. Es ist die zweitletzte Studienwoche und einige Entscheidungen sind zu fällen. Aber das Wichtigste ist heute Maurice, den sie am Abend sehen wird. Sie freut sich sehr darauf, obwohl sie ihm eine für ihn unangenehme Nachricht überbringen muss. Sie schaut in den Himmel. Der kurze Herbst ist eindeutig in den letzten Zügen. Die Luft wirkt schwer im frühmorgendlichen Nebel und die Sonne scheint sich durchzukämpfen. Vor einer Woche war es noch 10° Grad wärmer! Naida staunt immer wieder über die Klimaverhältnisse hier.

Nach der Uni schlendert sie zufrieden und glücklich durch die Rue St.-Catherine, der Bummlerstrasse der Stadt. Ein neues Kleid wäre was, muss aber nicht dringend sein. Sie findet ein paar tolle, hochhackige Schuhe und an der Ecke in der Kaffeebar kauft sie sich sich einen Kaffee zum Mitnehmen.

Als es am Abend bei Dominique an der Haustüre klingelt, wird ihr fast schwindlig vor Augen. Akemi kichert wie üblich und Dominique beobachtet sie besorgt. »Bist du sicher, dass du dich für den richtigen Mann entschieden hast, chérie?» fragt sie leicht spassig, aber mit einem ernsteren Unterton, als ihr bewusst ist.

Naida winkt ab und glättet ihr eng anliegendes, schlichtes Kleid ein letztes Mal mit ihren flachen Händen. Dann nimmt sie ihr langes Strickjäckchen und ihre Handtasche. Den beiden andereren Frauen eine Kusshand zusendend, klappert sie mit ihren hohen Schuhen zur Haustüre. »Bis nachher, ihr Lieben!» Sie wagt selber kaum über ihre Kurzatmigkeit nachzudenken. Sie muss jetzt funktionieren. Sie öffnet die Türe - und... da steht er.

Attraktiv, in den besten Jahren, makellos frisiert und in einem legeren, nicht minder gepflegten Outfit steht Maurice vor ihr. Seine Augen glänzen liebevoll und er geht einen Schritt auf sie zu, um sie sanft zu umarmen und ihr einen Kuss auf die Wange zu hauchen. »Naida. Schön wie eh und je.»

Sein Aftershave riecht nach erdigem und moosüberzogenem Fichtenholz und findet sanft seinen Weg in Naidas Nase. Wortlos nimmt er ihre Hand, offensichtlich keine Antwort erwartend, und begleitet sie zu seinem Cabrio hinunter.

Naida bringt kein Wort heraus, er scheint es nicht zu bemerken. Mit einem seeligen Lächeln hält er ihr galant die Türe auf und schliesst sie wieder sanft, sobald Naida sitzt. Ruhigen Schrittes umrundet er sein Cabriolet, steigt ein und fährt los. »Ich habe bei einem exzellenten Italiener für uns reserviert. Du kannst dich freuen!» Er dreht sich zu ihr um und bemerkt ihre Sorgenfalten. »Oh, bitte entschuldige, chérie. Wie gedankenlos von mir.»

Einige Meter weiter vorne fährt er rechts an den Strassenrand.

»Ich weiss doch, dass dir etwas auf dem Herzen liegt. Komm, lass es raus, damit wir nachher das Essen geniessen können!» Er nimmt ihre Hand.

Naida wendet sich ihm mit Tränen in den Augen zu. Tausend Gedanken und Gefühle wirbeln in ihrem Kopf herum. Es fällt ihr schwer, klare Worte zu formulieren. »Maurice, ich kann mir nicht erklären, wie das mit uns derart in die Hosen gehen konnte. Ich empfinde viel für dich, und deine Reaktion jetzt zeigt mir, wie es dir ähnlich gehen muss. Stimmts?» Sie schnieft und versteckt sich hinter ihrem Papiertaschentuch.

Maurice zieht seine Hand zurück. »Ja, es stimmt, Naida. Aber, ohne dass ich dich jetzt mit meinen Gefühlen belasten will, möchte ich dir sagen, dass ich spüre, dass du mir einen Korb geben willst...» Fragend schaut er sie an.

Naida schnieft und trocknet sich mit einem Taschentuch umhüllten spitzen Finger die Augenwinkel. »Ja, aber, wieso denn? Ich meine, wieso fühlst du so und hast nie etwas gemacht? Und wieso bist du jetzt so glücklich, obwohl ich dir offensichtlich einen Korb geben will? Dein Verhalten ist sehr unlogisch!« Sie schüttelt den Kopf.

»Eben. Weil ich dich liebe.» Er sagt es ganz leise, mit gesenktem Kopf.
»Mir ist noch nie eine Frau wie du begegnet. Ich habe in den Wochen unserer »Trennung» realisiert, wie sehr ich dich will, obwohl ich mir vordergründig das Gegenteil beweisen wollte.

Jetzt grad weiss ich nur eins: Du sollst glücklich sein. Und wenn es ein anderer schafft, dich glücklich zu machen - dann hast du meinen Segen! So schwer es ist für mich.» Er schaut wieder hoch, direkt in ihre Augen.

Naida kann nicht mehr. Das ist nun endgültig zuviel. Sie beginnt wieder zu weinen und der Tränenfluss intensiviert sich innert Sekunden, bis sie unkontrolliert schluchzt. Sie lehnt ihren Kopf an seine Schulter. Er hebt seine Arme und umschliesst sie zärtlich. Auch seine Augen werden feucht.

Nach einer Weile löst er sich und gibt ihr ein frisches Taschentuch aus Stoff, säuberlich gebügelt und gefaltet. Dankbar trocknet sich Naida wieder ihr Gesicht und putzt sich geräuschvoll die Nase.

Lange sagt keiner etwas. Sie sitzen nur da und starren ins Dunkle. Dann beginnt Naida von Kit zu erzählen. Was ihr an ihm gefällt, wie gut er ihr tut. Und dass er sie zu seiner Mutter und somit zu einer naheliegenden, aber noch nicht klaren Lösung im Zusammenhang mit ihrem Vater geführt hat.

Maurice drückt mit schmerzendem Herzen, aber aufrichtig verständnisvoll ihre Hände. Naida sieht dies als Aufmunterung weiter zu erzählen. Von ihrem Spitalaufenthalt, von Maya und

davon, dass sie vielleicht die Chemo wieder abbrechen wird. Sie erzählt vom Ende ihrer Studienzeit und dass sie noch nicht weiss, wohin danach, aber fühlt, dass alles gut kommen wird. Sie redet und redet, ohne Punkt und Komma.
Und Maurice hört ihr zu. Als sie von ihrer Krankheit spricht, drückt er sie nochmals an sich, um sein Mitgefühl zu zeigen. Es tut Naida gut! Alles, das ganze Gespräch, ist Heilung pur. Und Naida realisiert, dass sie diesen Mann immer auf eine spezielle Art und Weise lieben wird.

Zum Schluss sitzen sie wieder da, die Stille zwischen ihnen und eine tiefe Verbindung und Wärme. Maurice streicht ihr zärtlich übers Gesicht. »Magst du noch etwas essen gehen?» Naida schaut ihn prüfend an.

»Ja, gerne.» Sie lächelt entschlossen, putzt sich ein letztes Mal die Nase und klappt den kleinen Spiegel der Sonnenblende seines Autos herunter. Sie überprüft ihr Make-up und legt den Lippenstift nach. Sie spürt, dass es ein guter Abend sein wird. Maurice fährt los.

Beim hervorragenden Essen, Maurice hat nicht zuviel versprochen, erzählt er von seinem langen Aufenthalt in Peking. Von den Eigenarten des Landes und dessen Bewohnern sowie etlichen geschäftlichen Anekdoten. Naida muss oft lachen und er ist glücklich darüber.

Irgendwann zwischen Carpacchio und Muschelspaghetti nimmt er ihre Hand und sagt: »Es tut mir leid, Naida, dass ich nicht für dich da war.»
Naida weiss sofort, dass er von der Chemo spricht. Sie drückt seine Hand leicht und schaut ihn an. »Maurice, ich danke dir. Du bist ein grossartiger Mensch! Ich hätte es mir gewünscht, dich an meiner Seite zu wissen. Aber ich muss mich selber rügen, dir nie geschrieben zu haben. Mein Stolz war zu gross!»

Maurice schüttelt den Kopf. »Nein, Naida, nein. Ich bin Schuld. Hätte ich mir nicht von Beginn an etwas vorgemacht, ich hätte mich anders benommen. Ich hab's ja spätestens im Flugzeug bemerkt, als ich eine Vision von einer Hängematte hatte und mich dir so sehr nahe fühlte!»

Naida reisst ihre Augen auf. »Du hattest eine Vision WOVON? Von einer Hängematte?» Sie kann es kaum fassen.

»Ja, ich weiss, das muss lächerlich klingen... aber so ist es.» Fragend schaut er sie an. »Warum reagierst du so?»

Naida schnappt nach Luft. Augenblicklich erinnert sie sich daran, dass sie sich in Gedanken in einer am Himmel aufgehängten Hängematte vom Liebeskummer wegen Maurice getröstet hatte. Kann das sein, dass sie beide gleichzeitig an dasselbe gedacht haben? In dem Augenblick sieht sie hinter Maurice den leicht schimmernden Umriss einer Gestalt. Sie zwinkert Naida zu - und schon ist sie wieder weg. Einen Moment lang verwirrt über diese Erscheinung aus der Geistigen Welt, schliesst Naida ihre Augen. Als sie sie wieder öffnet, ist Sono verschwunden.

Sie erzählt Maurice, dass sie sich mit dieser Hängematten-Meditation von seinem Weggang getröstet hatte.
Auch Maurice ist beeindruckt. Er seufzt. »Naja, wie gesagt. Eigentlich spürte ich dich damals dermassen nah bei mir, dass ich es hätte kapieren sollen, was ich für dich empfinde. Allerdings muss ich gestehen,» er senkt seine Augen, »dass ich mich von bisherigen, weniger entzückenden Erfahrungen mit Frauen habe verleiten lassen, mich zu distanzieren.»
Er nimmt noch einen Schluck vom teuren Cabernet Sauvignon und schaut Naida direkt in ihre Augen. »Obwohl mir mein Herz nun weh tut, weiss ich eines, chérie: Es hat alles seinen Sinn! Auch das hier. Was hätte ich davon, dich festzuhalten? Es würde uns beide unglücklich machen.»

Naida starrt ihn ungläubig und bewundernd an. »Dass du das kannst, Maurice! Ich staune über unsere Offenheit und über die Stärke unserer Gefühle! Aber ich realisiere gleichzeitig auch, dass es nicht gegen das ankommt, was momentan zwischen mir und Kit entsteht. Ich danke dir; für diesen Respekt und die Achtung, die du uns beiden gegenüber zeigst! Ich ziehe meinen »Hut» vor dir. Danke, Maurice. DU bist das, was man sich als wahren Freund wünscht.»

Der Rest des Abend vergeht mit Gesprächen über ungezwungere Themen. Die Entspannheit, die dank dem offenen Gespräch zu Beginn entstanden ist, schafft ein starkes Fundament für eine freundschaftliche Beziehung zwischen einem Mann und einer Frau.

Als Maurice Naida heimbringt, umarmt er sie nochmals innig. Dann schiebt er sie von sich weg und sagt: »Chérie. Das meine ich nun richtig ernst: Lass uns in Verbindung bleiben. Ich bin für dich da! Wenn immer du jemanden brauchst. Verstehst du? Vergiss das nicht.»

Dann dreht er sich um und geht.

Naida ist an diesem Dienstag zu sehr mit sich selbst beschäftigt gewesen um mitzukriegen, dass die Presse Purzelbäume geschlagen hat. Und dies aufgrund des Interviews mit den Stadträten und Kitchi.

Kit hat nach Naida das Haus verlassen, und schon klingelt sein Mobiltelefon unermüdlich. Ein Journalist nach dem anderen - der eine freundlicher, der andere weniger - will ihn zu den provozierenden Aussagen der ihm unbekannten Journalistin von gestern Abend befragen. Nach dem dritten Anruf gibt Kit es auf, freundlich und konzentriert Antworten zu geben. Er realisiert, dass er etwas tun muss.

Offensichtlich hat die Live-Ausstrahlung auf Télé-Québec, die tagsüber mehrmals wiederholt wird, sehr starke Wellen geworfen. Wieder bedauert er seinen gestrigen Ausbruch und dass er sich und die Interessen seines Volkes nicht besser verteidigt hatte. Dann wischt er auch diese Vorwürfe mit einer Handbewegung vor seinen Augen weg; als ob die Handbewegung seine Gedanken klären würde. Er muss nun etwas tun! Was wäre ein nächster, logischer Schritt?

Bevor er in sein Auto steigt, um in die Uni zu fahren, setzt er sich auf die Motorhaube und überlegt.

Eines wird ihm sogleich klar: Seinen Studiensalltag kann er für heute vergessen. Und als nächstes sollte er unbedingt einen Termin mit Stadtrat Blazaré vereinbaren.
Also zückt er sein Mobiltelefon erneut und verlangt bei der Auskunft nach der Nummer von Blazarés Büro. Eine sanfte,

weibliche Stimme meldet sich als dessen Vorbüro und bittet ihn um einen Moment Geduld. Musik wird eingespielt, und schon nach wenigen Takten sagt die sanfte Stimme: »Monsieur Frazer? Monsieur Stadtrat Blazaré hat ihren Anruf schon erwartet. Ich stelle Sie durch.»
Kit hört ein Klicken in der Leitung und dann begrüsst ihn die klare und tiefe Stimme von Monsieur Blazaré. »Monsieur Frazer, wie gut, dass sie anrufen! Haben sie schon die Presse-Echos aufgrund unseres Live-Intereviews gesehen? Wir beide sollten uns überlegen, wie wir darauf reagieren.» Seine Stimme wirkt ruhig und forsch.

Kit ist irritiert. Nach einigen tiefen Atemzügen allerdings dämmert es ihm, dass er es mit einem erfahrenen Politiker zu tun hat. Dieser muss gelernt haben, zeitgenau Bescheid zu wissen und taktische Massnahmen zu ergreifen.

»Monsieur Blazaré, vielen Dank für ihre Zeit. Ich muss gestehen, dass ich komplett überfordert bin. Es ist Zeit, dass ich neue Freunde an meiner Seite habe, die mit diesen Begebenheiten entspannt zurecht kommen. Gibt es etwas, was sie mir raten können?»

Blazaré und Kit tauschen sich noch eine Weile aus und am Schluss des Gespräches steht ein neues Zusammenkommen fest. Der Stadtrat will ihn um 16 Uhr in seinem Büro empfangen. Bis dahin soll Kit die Zeit nutzen, um mit den wichtigsten Menschen seines Projektes ein Konzept zu entwerfen. »Ihre Idee ist exzellent, Monsieur Frazer. Allerdings merkt man, dass sie auf wackligen Beinen steht. Wenn sie meine Unterstützung wirklich wollen, sollten sie und ihr Team jetzt bereit sein, Nägel mit Köpfen zu machen und Gas zu geben. Wollen sie das, Monsieur?»

Die Stimme des Stadtrates hallt noch lange in Kits Kopf nach. Dann macht er sich auf den Weg zum Restaurant seiner Tante, um die wichtigsten Leute zusammen zu trommeln.

In den nächsten Tagen sehen sich Kit und Naida kaum. Allerdings sind sie stets mittels Kurznachrichten und Telefonaten in Kontakt, um sich gegenseitig zu hören, auszutauschen und innerlich zu umarmen. Naida ist völlig happy und fühlt sich wie beseelt.

Sie kennt dieses Gefühl aus ihrer Kindheit. Es ist die Wahrnehmung dessen, dass sie sich im Fluss befindet. Alles scheint wie am Schnürchen zu klappen. Fast nichts entspricht der üblichen Tagesordnung.

Das Einzige, woran sie sich in Sicherheit halten kann, sind ihre regelmässigen Meditationen kurz vor dem Einschlafen und kurz nach dem Erwachen. Sie geben ihr das stabile Gefühl des

»Zu Hause seins». Das Bewusstwerden darüber entzückt Naida. Denn sie realisiert, dass sie Dank den Meditationen und ihrer bewussten Verbindung zur Geistigen Welt überall zu Hause und nicht an Äusserlichkeiten gebunden ist.

Naida trifft sich am Mittwochabend wieder mit Oota. Die beiden planen, sich spirituell auszutauschen und gemeinsam zu meditieren. Das Treffen gestaltet sich sehr harmonisch und tiefschürfend für Naida. Sie lädt Oota dazu ein, die Grottenmeditation gemeinsam zu erleben. Naidas Empfindungen während dieser Erfahrung, in welcher sie den Ablauf leise vor sich hin spricht, damit auch Oota ihr folgen kann, bewegen sie zu gegensätzlichen Wahrnehmungen:

Einerseits spürt sie eine neue, tiefe Energie durch die Anwesenheit der Schamanin, als ob diese an sich bekannte Seelenreise eine neue Erfahrung wäre. Andererseits weiss Naida dank ihrer fleissigen Meditationspraxis genau, dass sie sich an den richtigen Ort hin begleitet. Offenbar löst allein die Tatsache, dass diese erfahrene, spirituelle Frau im selben Raum ist und mit denselben Gedanken mit ihr geht, derart verstärkende Bewegungen in Naida aus, dass sie am Schluss plötzlich weinen muss.
Sie heult und heult, ähnlich intensiv wie am Abend zuvor mit Maurice. Aus unbekannten Tiefen schwappen Emotionen

krampfartig und ungehemmt aus ihr hervor. Oota berührt sie sanft an der Hand, um ihr damit ihren Beistand zu beweisen. So sitzen die beiden bis Naidas unkontrolliertes Schluchzen und Weinen verebbt nebeneinander. Nach einer Weile der Stille, als Naida wieder bewusst in Ootas Meditationsraum ankommt, hebt sie ihre Augen und holt Luft zum Reden. Aber Oota unterbricht sie leise.

»Ma petite.. nicht jetzt. Es ist klar, dass du das alles noch nicht verstehst. Aber die Zeit wird kommen. Vertraue mir! Lass alles nochmals wirken. Komm her.» Oota rückt noch ein Stück näher und breitet ihre Arme aus. Tief berührt und dankbar lässt sich Naida auf Ootas mütterliche und beschützende Geste ein, atmet tief aus und lässt sich von ihrer neuen Lehrerin sanft hin- und her wiegen.

Wieviel Zeit danach vergangen ist, weiss Naida kaum. Die beiden lösen sich voneinander und sitzen noch eine Weile in der Stille. Draussen ist es dunkel und im Raum flackert sanft eine Kerze. Oota durchbricht sie irgendwann mit ihrer tiefen und beruhigenden Stimme. »Vielen Dank für diese Erfahrung, Naida. Danke für dein Vertrauen und dein Einlassen, ich lerne viel von dir!» Sie schaut Naida liebevoll und respektvoll an. Naida staunt. »Du lernst von MIR? Wie das denn, Oota Dabun? Ich bin doch diejenige, die jung ist und viel zu lernen hat.»

»Widerspricht sich das, Naida?» Oota zwinkert ihr zu. Du bist eine reiche und faszinierende Seele und ich es nicht wagen, meine und deine miteinander zu vergleichen. Lieber nehme ich uns beide liebevoll an und setze uns in ein Miteinander. Weisst du, was ich meine?»

Naida senkt ihren Kopf. Ja, sie weiss, was Oota meint. Ihre Worte entsprechen ihren eigenen, tiefsten inneren Werten und berühren Naida sehr. Anstatt zu antworten drückt sie liebevoll die Hand ihrer Lehrerin.

Oota wechselt unvermittelt, aber nicht minder sanft, das Thema. »Naida, erzähl mir von deinen Plänen hier. Wie lange bleibst du noch in unserem schönen Kanada?» Oota steht langsam auf, holt die obligaten Teebecher und schenkt ihnen beiden ein.

Naida atmet tief ein und aus, bevor sie zu erzählen beginnt. »Ich bin nur noch nächste Woche an der Uni. Leider habe ich es aufgrund der vielen Ereignisse in den vergangenen Tagen und Wochen völlig verpasst, einen geeigneten Praktikumsplatz zu finden. Dürfte ich in einer Nonprofit-Firma als Praktikantin arbeiten, könnte ich ohne Visum ein weiteres halbes Jahr bleiben.»

Ootas volle und trotz ihres Alters noch sinnlichen Lippen nippen zuerst am Becherrand, bevor sie sorgfältig einen Schluck des heissen Getränkes zu sich nimmt. »Bedeutet das, dass du auf der Suche nach einem Job bist? Was stellst du dir so vor?»

Naida dreht sinnierend die Augen nach oben. »Ich sollte meine hier erworbenen Kenntisse für Englisch und Französisch anwenden können. Idealerweise in einem Büro. Da könnte ich vielleicht auch meine organisatorischen Talente einbringen.» Fragend schaut sie zu Oota hinüber. »Wüsstest du solch einen Job, Oota?»

Die Schamanin senkt nachdenklich ihren Kopf. »Weisst du, im Zusammenhang mit unserem Projekt wird es nun immer Ernster. Kits konkrete, politische Taten verlangen nun automatisch nach mehr bürokratischem Aufwand. Man will nicht nur Konzepte sehen, sondern es geht nun auch darum, unzählige Telefonate, Abklärungen und Besorgungen zu erledigen. Noch mehr Mitdenker finden, Gesuche und Anfragen müssen gestellt werden, eine Website sollte her und Pressetexte müssen vorbereitet werden. Wir wollen nicht mehr derart überrumpelt werden, wie es Kit vorgestern passiert ist. Bislang habe ich das Wichtigste alleine erledigt...» sie seufzt und schaut Naida an. »Ich muss ehrlich sagen, dass der Gedanke an die neuen Aufgaben mich weder reizen noch in

einen Fluss bringen. Wir brauchen hierzu dringend Hilfe!»
Naidas Gesicht beginnt zu strahlen. Das hört sich für sie nach der perfekten Aufgabe an!

Oota lächelt. »Alles klar, meine Liebe.. Dein Ausdruck spricht Bände!» Sie klopft ihr aufs Knie. »Hast du Lust, hier zu essen und mit mir einige Eckpfeiler zu planen?»

Natürlich hat Naida Lust. Sie nickt Oota lächelnd zu und hilft ihr beim Aufräumen des Meditationsraumes. Danach sendet sie Dominique eine SMS, dass sie später nach Hause komme und beginnt, Oota bei den Kochvorbereitungen zu unterstützen.

2. Das andere Leben

Da Naida bei den Frazers viel Arbeit kriegt, aber als Praktikantin kaum etwas verdient, muss sie sich nach einer neuen Lösung für ihre Unterkunft umsehen. Dominique versteht Naidas Situation zwar und würde sich sehr freuen, wenn ihr Lieblingsgast noch länger bei ihr wohnen könnte. Allerdings kann auch sie nicht auf die Einkünfte der Zimmer verzichten, was Naida versteht.

Oota bietet ihr an, ein kleines Zimmer oberhalb des Restaurants ihrer »Schwester» zu beziehen. Es handelt sich um das indianische Restaurant, in welches Kit Naida nach ihrem Überfall zu einer Maispizza eingeladen hatte.
Naida erinnert sich an die quirlige und aufgestellte Köchin, welche Kit als seine Tante vorgestellt hat. »Sie ist nicht meine richtige Schwester, aber es fühlt sich so an. In Wahrheit sind wir nicht einmal verwandt.» Oota lächelt. »Sie ist eine weitere Haupt-Initiantin unseres Projektes und stärkt es energetisch gesehen sehr intensiv durch ihre Vision des eigenen Gartens hinter ihrem Restaurant.» Oota unterbricht ihren Blick in die Ferne und schaut Naida lächelnd an. »Bei ihr könntest du kostenlos wohnen und essen, weil du dich für unsere Sache einsetzst. Wie tönt das für dich?»

Naida ist begeistert und gleichzeitig kommt ihr in den Sinn, wie ihr Maya zu Beginn der Woche die glückliche Fügung angekündigt hat. Sie schmunzelt und innerlich bedankt sie sich bei Maya. Wie schön es doch ist, den inneren Fluss zu spüren, dem eigenen Bauchgefühl zu vertrauen und sich einzulassen! Und dies in Situationen, in denen der Verstand noch keine Lösungen in Aussicht hat.

So vergehen die nächsten Wochen im Nu. Naida verbringt die letzten Male in der Uni besonders genussvoll und liebt es, auch diese Nachmittage mit ihren stets wechselnden Studienfreunden in den Kaffees und Pubs zu verbringen. Die Tage werden rasch kälter und Ausflüge, wie sie sie im Sommer noch unternommen haben, kommen nicht mehr in Frage.

Aber Naida ist das egal. Sie ist zu sehr damit beschäftigt, ihr Glück zu geniessen und gleichzeitig ihr Leben neu zu organisieren.

Dominique nimmt sie jeden Tag einmal mehr in die Arme und lässt sich versprechen, dass sie immer in Kontakt bleiben. Geschehe, was wolle. Akemi sind die Umarmungen ein wenig zu viel, aber auch sie geniesst die noch verbleibenden Abende mit Naida. Akemis Pläne sind dahingehend anders, dass sie noch ein weiteres Semester Unizeit vor sich hat und danach in ihre Heimat zurück reist. Dort wartet ein von ihrer Familie ausgewählter Bräutigamm auf sie. »Aber keine Angst», sagt sie rasch, als sie Naidas grösser werdende Augen sieht, »ich kenne ihn. Es handelt sich um den Sohn einer befreundeten, wohlhabenden und angesehenen Familie. Er ist sehr liebevoll und hat ein gutes Einkommen.» Sie nickt währenddem Sprechen und schaut immer wieder vom Boden hoch. Auch Dominique zeigt ihre Verwunderung. »Dass solche Bräuche heutzutage noch angewendet werden, war mir nicht klar. Wie ist es für dich? Passt die Heirat in deine Lebensvision?»

Akemi schaut im ersten Moment wieder zu Boden. »Weisst du, so bin ich aufgewachsen. Es ist eine grosse Chance, dass ich Dank dem guten Stand meiner Eltern ins Ausland durfte. Ich werde schlussendlich zwei Jahre weg sein, stell dir das vor!»

Naida hat sich langsam erholt und schluckt den letzten Bissen runter. »Aber dann ist es ja schon sehr lange her, seit du deinen Bräutigam zum letzten Mal gesehen hast? Liebst du ihn denn? Hast du ihn nicht vermisst?»

Akemi kichert und kann sich erneut nicht dafür entscheiden, wo sie hinschauen soll. »Weisst du, Naida, das ist bei mir nicht so wie bei dir. Ich bewundere dich sehr, wie du mit dir selber und den Männern umgehst. Mir ist das alles nicht so wichtig

wie dir. Ich kenne meinen zukünftigen Mann seit meiner Kindheit und ich freu mich auf ihn. Meine Zukunft ist auf diese Weise gesichert. Wir werden ein Kind haben und darauf freue ich mich.»
Dominique und Naida staunen über die neuen Geheimnisse, die Akemi ihnen preisgibt.

Naida und Akemi haben ihre Emailadressen ausgetauscht, um die Freundschaft weiterhin zu pflegen. Als Naida auszieht, weinen alle drei und das Tschüss-Sagen will nicht enden, bis Naida sich löst, ihre Koffer nimmt und geht.

Kit wartet draussen und bringt sie zu seiner Tante Martha, welche im Vieux Montréal ihr kleines Stadthäuschen mit dem Restaurant im Parterre führt. Das Zimmer, das Naida erhält, ist bei weitem nicht so gross und lieblich ausgestattet, wie dasjenige bei Dominique. Im Gegenteil: Es ist klein, dunkel und spartanisch eingerichtet: Ein Bett, eine Kommode und ein Stuhl. Das einzige Fenster zeigt auf die Hintergasse hinaus. Als Naida es sieht, stellt sie ihre Sachen hin und bleibt einen Moment andächtig stehen. Innerlich bedankt sie sich nochmals bei der Geistigen Welt für das wunderbare Zimmer und die liebevolle Zeit bei Dominique, welche ihr in den vergangenen Monaten mehr gegeben hat, als Naida sich je zu wünschen gewagt hätte. Sie bedankt sich auch für diese neue Unterkunft und wird sich ihrer Vorfreude auf die Zeit mit den Frazers bewusst. So öffnet sie die Augen, und der Anblick des einfachen, aber sauberen Zimmers, stimmt sie nochmals dankbar. Sie dreht sich zu Kit um und umarmt ihn innig. »Ich freu mich sehr auf die Zeit bei euch, Kit!» Er lächelt und drückt sie zurück.

Meditationen für Dich!

Lieber Leser - gönne Dir nun eine der Meditationen, die ich für Dich bereitstelle.

Auf www.chantalbavare.ch/naidas-geschenke kannst Du Dich kostenlos eintragen und Du wirst Emails kriegen mit Updates und Ergänzungen von Meditationen als PDF, Video oder Audio.

Nimm Dir das, was Dir am besten liegt und geniesse diese Zeit mit Dir selbst!
Herzlich, Chantal Bavaré

Kit ist permanent unterwegs, bemüht sich, auch politisch fit zu bleiben. Dank den wertvollen Hinweisen seines neuen Freundes Stadtrat Blazaré, beginnt er bewusst zu netzwerken, an Verantstaltungen teilzunehmen und Menschen die Hände zu drücken, die einmal wichtig sein könnten. Seine Kumpels organisieren immer wieder friedliche Strassendemonstrationen, trommeln und singen ihre Parolen und verteilen Flyer an die interessierte Bevölkerung.

Da beide, Naida und Kit, sehr engagiert sind und Kit neben allem sein Studium nicht vernachlässigen will, sind die einzigen regelmässigen Gelgenheiten, wo sich die beiden sehen können, die Nächte. Sie übernachten mal bei Kit, manchmal aber auch bei Naida, wo Kit sich jedesmal die Augenzwinker und den humorvoll drohenden Finger seiner Tante antun muss, wenn er sich morgens aus dem Haus schleicht.

Naida beginnt ihren Job bei Oota Dabun jeden Morgen um 8 Uhr. Gemeinsam meditieren die beiden und bitten für den neuen Tag, ihre Freunde und die Unternehmungen des Stammes. Oota hat Naida vorgeschlagen, dass sie beide sich bei der Durchführung ihrer Morgenrituale abwechseln könnten. So kommt Naida unerwartet dazu, regelmässig die praktische Anwendung von geführten Meditationen und Ritualen zu leiten. Sie staunt, wieviel sie hier beitragen kann

und realisiert, dass ihr im Moment des Umsetzens die richtigen Ideen, inneren Bilder und Worte eingegeben werden. Von ihrem Team in der Geistigen Welt! Mit jedem Tag, an dem sie von Oota Dabun und deren Praktiken, aber auch von sich selbst lernt, fühlt sie sich ihrem wahren Sein näher.
Diese täglichen Morgenrituale führen zudem dazu, dass sie danach voller Elan an den Arbeitsplatz mit Computer sitzt, den ihr Oota Dabun im Wohnzimmer eingerichtet hat. Sie hat unglaublich viele Dinge zu tun und liebt die kreative Arbeit beim Erstellen von Flyern fürs Projekt, Info-Abenden, Anlässen, Konzepten, Vortragspräsentationen für Kit oder andere Mitglieder sowie dem Aktualisieren der Website. Die eher trockenen Anträge und Gesuche, für welche sie manchmal stundenlang telefonische Abklärungen und unendlich viele Stunden in Schlangen vor den Behördenbüros verbringt, sind umso besser zu ertragen.

Sie hat für sich selbst ein System entwickelt, mit dem ihr die eigene Disziplin einfachfällt, sie keine Ideen und Termine vergisst und alles übersichtlich umsetzen kann. Ihr Hauptwerkzeug ist ein riesiger Wochenkalender, auf dem sie viel Platz für Notizen hat. Dort trägt sie jedes Telefongespräch, jeden Behördengang und jeden Brief, der rausgehen muss, ein. Das hat zum Vorteil, dass sie dies einerseits nicht vergisst, und andererseits im Nachhinein jederzeit nachschauen kann, wann sie was schon erledigt hat. Tolle Ideen von ihr und den Anderen kommen möglichst farbig und ausdrucksvoll an eine grosse Pinwand. Dort bleiben sie so lange, bis es konkrete erste Schritte zu tätigen gibt und schiesslich im Wochenkalender landen.

Währenddem Naida dem bürokratischen Teil Ordnung, Struktur und Umsetzungskraft gibt, kümmert sich Oota weiterhin um ihrem Job als schamanische Hebamme. Naida kriegt einige Male aussergewöhnliche Notfälle mit. Sei es, weil Oota mitten in der Nacht ausrücken muss und für die morgendliche Meditation noch nicht zurück ist, oder weil hin und wieder mal eine Klientin wegen Schwangerschafts-komplikationen im Krankenhaus landet und Oota dahin gerufen wird. Da Naida ihren Arbeitsplatz und den Telefonanschluss von Oota benutzt, kommt sie nicht darum herum, deren auch Termine zu managen und mehr von Ootas Job als Schamanin mitzukriegen, als sie müsste.

Manchmal zeigt ihr Oota an späten Abenden, wie man Tinkturen aus Kräutern und Blüten herstellt und wofür man sie anwendet. Auch getrocknete Pflanzen finden ihren Platz; einerseits für Räucherungen oder auch für Tees und Umschläge. Naida ist komplett eingenommen von all dem Neuen und fasziniert von dieser alten und zugleich neuen

Kultur, die um sie herum gelebt wird. Regelmässig telefoniert sie mit ihren Eltern, vor allem mit ihrer Mutter. Sie hat sich noch nicht getraut, ihren Vater auf seine kanadische Vergangenheit anzusprechen. Aber Naida weiss, dass der richtige Zeitpunkt noch kommen wird.

In der Zwischenzeit träumt Naida fast in jeder Nacht, wohl ausgelöst durch ihre Meditationszeiten mit Oota, aussergewöhnliche Dinge. Die Träume sind sehr klar, der Inhalt stark bebildert und mit intensiven Gefühlen untermalt. Mit jeder zusätzlichen Nacht ergeben die Träume mehr Sinn, und Naida ist dankbar, dass sie diese mit Oota besprechen kann. Naida sieht sich in einem anderen, früheren Zeitalter als junge Schmananin in der Lehre beim alten Medizinmann ihres Volkes. Sie leben in den Bergen, weit abgeschieden von anderen Völkern und dem Meer. Naida wird in Geduld, im Sein mit sich selbst, im Heilen mit Händen und im Kommunizieren mit Geistern unterrichtet. Der alte, weise Mann nimmt sie dazu für Tage, manchmal Wochen mit in die Berge. Dabei lernt sie den Umgang und die Achtsamkeit mit den Tieren der Natur, dem Geben und Nehmen, respektvoll und mit Dankbarkeit. Manchmal erlegen sie einen Hasen. Bevor dies geschieht, bitten sie die Geister um das richtige Tier, das sich ihnen zur Verfügung stellen soll. Und sie bedanken sich im Voraus dafür. Das Tier jedoch gibt sich nicht nur her, um ihren Hunger zu stillen. Nein. Mit Achtsamkeit bedienen sie sich allem, was das Tier neben seinem Fleisch zu bieten hat. Sie gerben das Fell und nähen sich wärmende Kleidungsstücke daraus. Auch die Knochen säubern sie sorgfältig und bewahren sie auf, um sie später zu Werkzeugen zu schnitzen oder als rituelle Verzierungen zu verwenden. Nichts wird zurückgelassen. Dankbar wird alles verwendet. So wie es Naida von den Büffeln her kennt, wenn ihr Volk einen erlegt.

In diesen Träumen erlebt Naida ihre jahrelange Ausbildung zur Schamanin nochmals. Sich bei Tage an dieses andere Leben zu erinnern, bringt sie in eine noch tiefere Verbundenheit zu Oota, Kit und deren Traditionen. Oota und sie sprechen manchmal gar nicht, manchmal jedoch unverhofft intensiv darüber, was diese Träume wohl zu bedeuten haben. Naidas Mentorin ist sehr erfreut über diese Informationen. Denn die Träume schildern einige schamanische Techniken und Rezepte, die auch Oota nicht kennt. Oota ist sich zudem sicher, dass die Erinnerung Naidas an ihre eigene Heilkraft ganz und gar nicht zufällig jetzt geschieht. »Denk an deine Diagnose und vertraue, nimm an! Auch hier hat alles seinen Sinn. Die Grottenmeditation wurde dir schon vor Monaten geschenkt. Das kam nicht von ungefähr. Mach weiter, ich gehe Schritt mit dir. Es ist mir eine Ehre.»

Für Naida ist es ein tiefes Eintauchen, nicht nur in eine andere Welt, sondern auch in ein anderes Leben. Und obwohl sie diese Erinnerung nur in ihren Träumen während gewissen Nächten lebt, färbt deren Energie in ihren Alltag ab. Sie beginnt zuzulassen, dass die Energien dieser zwei Welten ineinander heineinfliessen und sich in ihr vereinen.

Nach ungefähr sechs ereignisreichen Wochen anfang November, der lange Winter hat Einzug gehalten und die ersten Schneestürme blockieren das Outdoor-Leben, kommt Oota nachdenklich ins Wohnzimmer, einen Brief in der Hand.

»Was hast du, Oota?» Naida schaut hoch und studiert die inzwischen liebgewonnene Frau, die vor ihr steht.

»Mmhh.» Oota blättert in einem zweifach gefalteten Brief, der von Weitem sehr offiziell wirkt. »Das hier ist ein Schreiben vom kanadischen Ministerium für Staatsangehörigkeit und Einwanderung / Citoyenneté et Immigration Canada - CIC. Es geht um dich!» Sie faltet den Brief zusammen und gibt ihn Naida. »Es ist in einem Amts-Französisch verfasst, vielleicht verstehst du mehr davon.»

Naida nimmt den Brief irritiert entgegen. Ein Brief von der Einwanderungsbehörde? Weshalb denn? Sie ist nicht illegal hier. Schnell überfliegt sie die Sätze. »Im Zuge ihrer Arbeit für den Stamm »Algonquin» haben wir festgestellt, dass Sie Ihr Praktikum bei einer nicht von uns autorisierten Stelle absolvieren. Ihre Organisation hat weder einen offiziellen Namen, noch ist sie bei uns mit einer Charity-Number registriert.» Naida schnappt nach Luft, ihr wird schwindlig. Sie legt den Brief weg.

»Du darfst nicht mehr für uns arbeiten, nicht wahr?» sagt Oota besorgt.

Naida atmet tief ein und aus und nimmt den Brief erneut zur Hand. »Deshalb müssen wir Sie auffordern, das Land Kanada innert der nächsten 10 Tage freiwillig zu verlassen.»

Naida kriegt kein Wort heraus. Sie muss heimgehen? Jetzt, wo alles so gut läuft? Naida denkt an die gemeinsame Zeit mit Oota und der wunderbaren neuen Welt, die sich ihr damit erschlossen hat. Sie denkt an den Knoten in ihrer Brust, der offensichtlich immer kleiner wird. Sie denkt an Kit, den sie verlassen soll.
Perplex schaut sie Oota an. Ihre Augen füllen sich nach und nach mit Tränen. »Ja, Oota. Ich muss heimfliegen.» Naida schnieft und putzt sich die Nase. Sie will das Schreiben fertig lesen. Am Ende steht, dass sie nach Ihrer Ausreise jederzeit

wieder einfliegen dürfe. Aber für eine Arbeit an derselben Stelle werde empfohlen, dass die Organisation sich einen Namen gibt und sich offiziell in die Charity-Liste eintragen lässt.

Sofort ist alles vergessen, was Naida vorher im Kopf gehabt hat: Tagestermine, Telefonate, Büropendenzen. Ihr Kopf ist wie leer. Oota steht hinter ihren Stuhl und umarmt sie innig. »Mein Kind.» Sie seufzt und vergräbt ihren Kopf zwischen Naidas rechter Schulter und Gesicht.
Nachdem sich die beiden erholt haben, drückt Oota Naidas Schultern und fordert sie auf, mit zu kommen. »Lass uns einen Kaffee trinken gehen. Wir lassen alles liegen und stehen und genehmigen uns das jetzt.» Ootas Augen leuchten. »Und dann denken wir uns einen Plan aus. Was meinst du dazu, ma p'tite?»

Naida ist einverstanden. Sie wickeln sich in ihre Wintermäntel und ziehen ihre Stiefel an.
Draussen hat sich eine erste Schneedecke hingelegt und zur Zeit fallen einzelne dicke Flocken ganz sanft vom verhangenen Himmel. Naida bleibt stehen und schaut hinauf, einer ihr näherfliegenden Flocke entgegen.

Die Zeit scheint still zu stehen, die Welt um sie herum auch.

Oota nimmt sie sanft beim Arm. »Komm, meine Liebe, ich freu mich schon auf den Latte. Du nicht auch?» Sie weiss inzischen von Naidas Kaffee-Vorliebe und schmunzelt dabei.

Im Restaurant setzen sich die beiden an die Holzbar, reiben sich dankbar die Hände und schauen dem Treiben draussen zu. Auf der Quartierstrasse ist trotz dem Wetter einiges los. Die Szenen könnten aus einem Bilderbuch sein, alleine schon wegen den grossen Schneeflocken.

»Wenn du diese Tage heimfliegst, kannst du ja bald wieder kommen, was meinst du?» Oota schaut Naida erwartungsvoll an.

Naida schaut die ältere Frau liebevoll an. »Ja, das will ich auf jeden Fall. Ich habe schliesslich keine Pläne in der Schweiz! Alle meine Träume beschränken sich zur Zeit auf die eurigen und aufs Zusammensein mit euch. Natürlich auch auf meine Beziehung mit Kit.» Beim Gedanken an Kit schiessen ihr wieder Tränen in die Augen. So bald soll sie ihn nicht mehr sehen? Das ganze Projekt der Algonquin nimmt von allen Beteiligten sehr viel Energie für sich ein, was natürlich dazu geführt hat, dass sie beide sich nicht sehr oft ausgiebig Zeit füreinander nehmen konnten.

Der Kaffee wird serviert, Naida genehmigt sich sofort einen ersten Schluck. Geniesserisch nimmt sie wahr, wie das Koffein und der Zucker des Caramelgeschmackes in ihr System eindringen und sich ihre Nerven beruhigen.

Oota und Naida schmieden einen Plan, wie sie die nächsten Schritte angehen wollen. Naida informiert Oota über die wichtigsten Pendenzen im Büro und erinnert sie nochmals an die Aufforderung des Amtes, dass die Gruppe sich endlich für die Gründung einer offiziellen Organisation mit einem Namen entscheiden soll. Dann vereinbaren sie, dass Naida nach dem Kaffee Kit in der Stadt abholen geht, um ihn bei einem ruhigen Abendessen über alles zu informieren. Kit nimmt an einem friedlichen Informations-Demonstrationszug durch die Strassen teil und wird sich bestimmt auf sie freuen.

Naida wird klar, dass sie nun so rasch es geht heimfliegen will, damit sie umso schneller wieder zurück ist. Oota ist einverstanden und drückt liebevoll ihre Hände. »Naida, meine Liebe. Es kommt alles gut. Vertraue, dass auch diese unerwartete Heimkehr seinen Sinn hat!» Naida senkt beschämt ihre Augen. Oota hat sich natürlich nicht von Naidas äusserer Ruhe blenden lassen und bemerkt, wie verwirrt Naida noch ist.

»Du hast Recht, ma chère. Ich versteh nur nicht ganz, weshalb ich hier ein komplett anderes, offenbar schon einmal gelebtes Leben kennen und wieder lieben lernen soll, um jetzt derart abprupt heimgehen zu müssen.» Naida schaut beschämt auf die Tischfläche. »Zur Zeit empfinde ich die Vorstellung sinnlos, in der Schweiz zu sein. Was soll ich dort? Ich habe hier eine Aufgabe, und sie fühlt sich wahnsinnig gut an!»

»Ja, ich glaube, ich weiss, was du meinst. Trotzdem finde ich, dass sich diese aktuellen Geschehnisse nicht widersprechen müssen. Es ist viel, das ist klar. Aber niemand kriegt mehr, als er ertragen kann, Liebes.» Ootas Blick ist sanft. Naida gibt den Händedruck zurück. Sie lächeln sich an. Zwei Frauen, wie sie unterschiedlicher nicht sein könnten, und trotzdem durch viele Gemeinsamkeiten verbunden sind! Dieser innige Blick endet tief und beide fühlen ein starkes, breites Band, welches eine Verbindung ihrer Herzen öffnet. Wie gut sie sich verstehen! Wie nahe sie sich sind! Plötzlich fährt Naida ein Gedanke wie ein Blitz durch den Kopf. Sichtlich erschlagen ruft sie: »Mein Gott, Oota, ich habe die Chemo vergessen! Die beginnt auch in ein paar Tagen!» Mit grossen Augen schaut sie Oota an.

Diese schmunzelt, drückt wieder ihre Hände und vermittelt ihr so erneut Kraft und Zuversicht. Naida spürt in dem Moment auch Mayas Schutzengel-Energie hinter ihr, und die Tränen kullern wieder ungehemmt über ihre Backen.

»Ist es nicht so, dass du seit einigen Wochen schon zögerst, diese überhaupt fortzuführen? Könnte es sein, dass Du, wenn Du ganz ehrlich bist, die Fortsetzung der Therapie gar nicht willst? Vertraue, dass auch dies seinen Sinn hat...»

Ootas Stimme hallt nochmals in ihrem inneren Ohr nach.
Und auf einmal ist es für Naida, als ob es nur diesen einen Weg gäbe. Den Weg nach Hause, zurück in die Schweiz. Die Prioritäten von heute Morgen sind verschwunden, haben sich aufgelöst. Vor ihr tut sich der Weg nach Hause glitzernd und leuchtend auf. Eine innere Aufregung, die sich sehr gut anfühlt, macht sich bemerkbar und wird stärker.
»Du wirst gerufen, nicht wahr?»

Naida schaut Oota an, als ob sie aus einer Trance geweckt worden wäre. »Ja. Ich denke, so kann man es nennen.» Eine tiefe Ruhe und Gelassenheit überkommt sie und sie steht auf, um Oota innig zu umarmen. Mit Tränen in den Augen flüstert sie ihr ins Ohr: »Ich bin so dankbar für alles, Oota. So dankbar!»

Als Naida eine knappe Stunde später zum Hafen hinunter schlendert, kriegt sie einen Anruf von Kit. Dies überrascht sie, denn eigentlich haben sie sich per SMS direkt beim Restaurant verabredet.

»Kit, chéri, ça va, toi? Ist alles gut bei dir?» Naidas Stimme ist automatisch besorgt. Am anderen Ende ist Stille. Sie hört nur einen tiefen Seufzer.

»Naida....» Kit findet kaum die richtigen Worte.
»Kit? Kit! Sag mir, was ist los?»
»Naida, ich bin auf der Polizeiwache im Zentrum. Man hat mich verhaftet.» Niedergeschlagen und flüsternd bringt er seine Worte heraus.
Nicht das auch noch. »Kit, das kann ja nicht sein. Warum? Was ist passiert?»

»Es gab während unserer Info-Demonstration einen Streit. Und da bin ich in eine Prügelei geraten. Ich werde wegen Körperverletzung angeklagt.» Kit fällt es schwer, sich zu äussern. »Naida. Es tut mir leid, das Essen fällt aus. Sie lassen mich nicht gehen. Kannst du kommen?»

Klar kann Naida kommen, was soll sie sonst tun? Sie dreht sich auf dem Absatz um und eilt zur nächsten Métro-Haltestelle. Unterwegs kauft sie bei einem Chinesen einige Take-Away-Pakete ein. Kaum vorstellbar, was jetzt auf einmal gleichzeitig passiert! »Kit weiss noch gar nichts davon, dass ich bald fliegen werde, Himmel nochmal.» Naida geht mit weiten, gefestigten Schritten eilig vorwärts, ihren Körper aufrecht, ihre Augen alles um sich herum beobachtend. Ihr Atem ist schnell und sie versucht beim Laufen, ihren Gedanken Ordnung zu verschaffen.

Was ist nun das Wichtigste? Nun, sicherlich Kit zu besuchen und sich ein Bild der Lage zu machen. Dort sollte sie die Gelegenheit kriegen, ihn über ihre Ausweisung zu informieren. Sie atmet tief ein und aus. Sie beide können danach gemeinsam entscheiden, wie weiter vorzugehen ist.

Beruhigt darüber, die nächsten Schritte zu kennen, eilt Naida in die Polizeiwache und fragt nach Kit. Man führt sie in einen Besucherraum, wo eine Polizistin sie anspricht.
»Sind sie die Freundin von Kitchi Frazer?»
Naida nickt, und die Beamtin nimmt sie leicht beim Arm, um sie auf den Flur vor ihr zu führen. »Kommen Sie. Er erwartet Sie.» Die dritte Türe führt in ein kleines, fensterloses Vernehmungszimmer, Kit sitzt niedergeschlagen und mit gesenktem Kopf auf einem einfachen, am Boden befestigten Stuhl. Seine Haare sind zerzaust, im Gesicht hat er einige Schrammen. Seine Augen zeigen Müdigkeit und Scham. Als er sie sieht, springt er auf und umarmt sie fest.

»Naida.» flüstert er. »Ich bin so froh, dass du hier bist!»
Naida erwidert seine innige Umarmung, löst sich dann und

schaut ihm tief in die Augen. »Du glaubst nicht, was heute schon alles passiert ist! Aber zuerst erzähle Du! Was war denn los?» Sie nimmt seine Hand und die beiden setzen sich hin.

Kit ist es sichtlich nicht wohl, er senkt beschämt die Augen, als er zu reden beginnt. »Naida, ich habe total Scheisse gebaut!» Er schaut sie an. »Ich weiss, du hast die beste Meinung von mir. Und ich schäme mich auch furchtbar dafür, dass du mich hier besuchen und erleben musst. Aber,» und er breitet die Arme aus, »es ist nun einmal die Folge meiner Art, wie ich funktioniere. Wenn du mich lieben willst, dann sollst du alles von mir kennen!»

Naida erschrickt ein wenig. Was meint er denn? Es kann doch nicht sein, dass sie in den vergangenen zwei Monaten nicht bemerkt hat, einen Kriminellen an ihrer Seite zu haben? Erneut hilft ihr das tiefe Ein- und Ausatmen. »Nur ruhig bleiben. Vertraue, höre ihm zu», sagt ihre innere Stimme.

»Kit, ich schätze deine Aufrichtigkeit. Danke, dass du mich angerufen hast! Schau, ich hab uns das Abendessen mitgebracht.» Sie stellt die Tüte mit den Essenkartons auf den Tisch und lächelt. »Wenn wir nicht ins Restaurant können, kommt das Restaurant zu uns, nicht wahr?»
Kit muss trotz allem lächeln. Ihre Art, die Nerven nicht zu

verlieren, und das Beste aus dieser Situation zu machen, beeindruckt ihn. Auch er atmet nun tief ein und aus. Dann beugt er sich über den Tisch und nimmt ihre Hände.

»Liebes, ich hab mich unprofessionell verhalten. Während der friedlichen Demo, an welcher ich nur mitgelaufen bin, habe ich mich dummerweise von einem Grossmaul in eine Diskussion verwickeln lassen.» Er verdreht die Augen.

»Ach so, dein Temperament, jetzt ist alles klar.» Naida schmunzelt. »Ich dachte, deine neuesten Erfahrungen mit der städtischen Politik haben dich in einer angemessenen Diplomatie geschult?»

»Hach, ja, das schon. Aber kannst du dir vorstellen, wie es ist? Mitten auf der Strasse, links und rechts die Menschenmenge, die unsere Parolen hört und liest und zwischendurch laute Protestrufe reinschreit? Normalerweise kriegt man nicht mit, wer aus der Menge sich beschwert. Aber der Andere da,» und er fuchtelt mit seiner Hand in Richtung Wand zum anderen Zimmer, »er blieb immer auf meiner Höhe, kam mir immer näher. Sehr unverschämte Dinge schrie er mir an den Kopf. Er spuckte mich an. Er sagte auch sehr beleidigende Sachen über dich und meine Mutter und andere Frauen aus unserem Stamm. Das hat mich derart rasend gemacht! Und da er immer wieder vor meinem Gesicht aufgetaucht ist, hab ich ihn irgendwann mal am Kragen gepackt. Dumm ist nur, dass er selbst sehr viel kräftiger ist, als ich es einschätzte...» Reuig und mit tiefen Atemzügen schaut er zu Naida.

»Jaaaa... ich kann mir den Rest bidlich ausmalen...» Naida steht auf und grinst. »Bist du verletzt?»

»Nein. Jedenfall nicht nennenswert. Aber der Andere!» Dann grinst er. »Auch wenn mich das nun hinter Gitter bringt... ein bisschen bin ich stolz darauf...»

Naida kann nicht anders und lacht laut auf. Sie setzt sich wieder auf den zweiten Stuhl. »Du bist mir ja Einer! Aber im Ernst, Kit. Das geht nicht gut! Was machen wir nun? Was sagen die Beamten?»

»Ja, es war nicht ideal. Grundsätzlich weiss ich, dass es ein Fehler war. Ich muss mich noch üben darin, meine Gefühle in diplomatische Worte und Gesten zu verwandeln...» Er verzieht sein Gesicht. »Aber du hast recht. Zur Zeit siehts schlecht aus. Ich brauche einen Anwalt, sonst sitze ich einige Tage, bis ein Untersuchungsrichter entscheidet. Ich werde der schweren Körperverletzung angeklagt. Nebst dem Problem eines Anwaltes weiss ich nicht, wer meine Arbeit in der Zwischenzeit weiterführt!» Fragend schaut er sie an.

»Wie bitte? Du meinst nicht etwa mich?» Naida schnaubt laut

und steht wieder auf. »Kit, erstens kann ich das nicht - ich bin nicht du. Einer deiner Freunde würde das besser machen. Zweitens weisst du MEINE Neuigkeiten noch gar nicht: Ich muss Kanada in den nächsten Tagen verlassen!»

Schlagartig herrscht Stille im Raum. Kit schaut sie ungläubig an.

Naida wiederholt es nochmals, ihm eindringlich in die Augen schauend. Ihre Hände umklammern die Stuhllehne vor ihr. »Ich werde »freiwillig» ausgewiesen.» Sie erzählt ihm alles. Auch das, was sie mit Oota besprochen hat. Heiss überkommt sie nach ihrem Bericht die Erinnerung daran, dass Oota noch gar nichts von Kits Verhaftung weiss! »Kit, soll ich sie anrufen?»

Er schüttelt fassungslos den Kopf und reibt sich mit beiden Händen die Augen. Es ist alles ein bisschen viel. »Oh, ich hab sie komplett vergessen. Würdest du das tun, ja? Danke.» Wieder schüttelt er ungläubig den Kopf. »Was für Neuigkeiten!»

Eine Weile herrscht Stille. Naida steht neben der Tür und schaut zu Kit, der am Tisch sitzt und mit beiden Händen seinen Kopf in einer verzweifelten Geste reibt. Dann dreht sich Naida um und klopft an die Tür. »Ich ruf sie kurz an und komme wieder.»

Naida setzt sich im Warteraum draussen hin und atmet erst einmal tief ein und aus. Sie konzentriert sich mit geschlossenen Augen auf ihre Herzgegend und spürt dort die heimelige Wärme ihrer Mitte. Rasch spürt sie, wie sie zur Ruhe kommt. Nochmals ein tiefer Atemzug; und sie ist bereit für das Telefongespräch mit Oota.

»Das gibts doch nicht!» Oota kann es kaum fassen. Einerseits die unglaubliche Nachricht über die Verhaftung ihres Jungen und andererseits, dass sie es keine Sekunde geahnt hat. Nachdem sie Naida über jedes Detail ausgequetscht hat, dämmert ihr langsam, weshalb sie nichts über die Verhaftung ihres Sohnes geahnt hat: Sie ist in Gedanken dermassen konzentriert bei Naidas Ausreise und deren Konsequenzen für ihr Projekt gewesen, dass sie in keiner Sekunde das Befinden von Kit energetisch abgefragt hat. Sie seufzt laut und setzt sich hin.

»Naida, wie gehts weiter?»
Naida weiss auch noch nicht mehr, ausser, dass er wohl einen Anwalt braucht. Oota senkt den nachdenkend Kopf. »Wir kennen niemanden! Ich müsste herumtelefonieren, um meine

Freunde zu fragen.»

In dem Augenblick, als Naida Ootas Satz »Wir kennen niemanden» hört, hat sie schlagartig Maurice's Gesicht vor ihrem inneren Auge. Natürlich! Sie kann Maurice anrufen! Aufgeregt erzählt sie Oota, sie hätte eine Idee. Die beiden vereinbaren, in einer halben Stunde nochmals miteinander zu telefonieren, und dass Oota bis dahin noch nichts unternehmen soll.

Ihr Herz schlägt in einem Rekordtempo, ihr Atem ist oberflächlich. Wow! Jetzt soll sie Maurice anrufen. Erst vor ein paar Tagen haben sie beide eine kurze, freundschaftliche SMS ausgetauscht. Seit sie das berührende Gespräch vor ein paar Wochen geführt haben, meidet Naida das persönliche Gespräch mit ihm, es ist ihr peinlich. Mutig und mit lautem Herzklopfen wählt sie seine Nummer.

»Naida. Wie schön!» Seine tiefe Stimme klingt gelassen, seine Freude und Überraschung ist nicht überhörbar. Trotz seiner Freundlichkeit fühlt er sich distanziert und kühl an.

»Salut, Maurice, comment vas-tu? Wie gehts dir?» Naidas Stimme wirkt müde und niedergeschlagen.

»Mir gehts gut, danke! Nicht so wie dir, wie ich höre. Was ist los? Kann ich etwas für dich tun?» Er kommt sogleich zu Sache. Das kann ihr nur Recht sein. Es ist für ihn nicht einfach, sich mit Naida zu befassen. Er hat sie zwar losgelassen... Obwohl oder gerade, weil er sie liebt. Aber sie hat sich entschieden. Für einen Anderen. Und das will Maurice aktzeptieren.

Naida zögert. »Ja, ehrlich gesagt schon.» Sie schnauft hörbar durch die Nase ein, bevor sie weiter fährt. »Es ist mir peinlich, Maurice. Erinnerst du dich noch an dein Angebot, dass ich dich falls nötig um Hilfe bitten darf?» Puh. Es ist raus.

Maurice klingt besorgt. »Aber natürlich, ma chère, natürlich! Worum gehts denn? Ist etwas mit deiner Gesundheit? Bist du im Krankenhaus? Ich komme sofort vorbei!» Naida hört im Hintergrund, dass Maurice aufsteht und einen Schlüsselbund schnappt. Trotz ihrer Niedergeschlagenheit lacht sie.
»Nein, nein, Maurice, ich bin nicht krank!»

»Puh, Gott sei Dank.» Maurice's Atem wird wieder ruhiger. Er setzt sich wieder hin.
»Es geht um Kit. Er ist wegen Körperverletzung verhaftet worden. Ich fürchte, er braucht einen Anwalt.» Ihre Stimme wird immer leiser. Ist es nicht dreist von ihr, dass sie von ihrem

Verehrer verlangt, dass er ihrem Freund aus der Patsche hilft?

»Ach so. Da bin ich ja beruhigt. Also,» er wechselt die Stimme, »versteh mich richtig. Die Verhaftung beruhigt mich natürlich nicht. Sondern, dass es dir gut geht.» Einen Moment lang denkt er nach. »Lass mich überlegen. Kit muss sofort jemanden haben, der zu ihm kommt. Es handelt sich zwar nicht um mein Fachgebiet, aber ich komme. Ok? Sag mir welche Polizeiwache.»

Naida gibt ihm den Standort durch und er verspricht, in ungefähr 45 Minuten dort zu sein.

Bevor Maurice kommt, geht Naida nochmals zurück zu Kit. Sie erzählt ihm alles. Auch, dass Maurice bald kommt. Zudem kann sie die zwischenzeitlichen lauten Magengeräusche nicht mehr ignorieren. Sie muss einige Happen essen.
»Maurice? Muss es unbedingt Maurice sein?» Kit schaut sie an, währenddem sie die Resten vom chinesischen Essen zu sich nimmt. Kit hat in der Zwischenzeit schon den ersten Teil gegessen, das ist gut. Sie erwidert stumm seinen vorwurfsvollen Blick.
Aber als ob er realisiert, dass es für sie auch nicht einfach gewesen ist Maurice zu mobilisieren, entschuldigt er sich sofort. »Sorry, Naida, ich bin ein Trampel. Du machst es für

mich, ich weiss.» Er steht auf, geht um den Tisch herum und nimmt sie in die Arme. »Ich stell mir vor, dass es nicht einfach war für dich, ihn anzurufen. Nicht wahr?»

Naida putzt ihre Finger an den mitgebrachten Papiertüchern, dreht sich um und geniesst die Umarmung. Endlich. »Nein, es war nicht einfach. Aber deine Mutter weiss niemand anderen. Und sie muss ich jetzt auch wieder zurückrufen. Sie erwartet meinen Anruf.» Naida löst sich aus seiner Zärtlichkeit, steht auf und schaut ihm einen Moment lang lächelnd in die Augen. »Vertrau Maurice! Er kann damit umgehen, OK?»

Kit weiss, was sie meint. Er nickt und schaut ihr beim Rausgehen mit hängenden Armen nach. Ausgerechnet sein Nebenbuhler soll ihm jetzt helfen? Kit seufzt. Er hat wohl keine Wahl.

Naidas Gespräch mit Oota ist kurz, diese ist erleichtert. »Gibst du mir Bescheid darüber, wie es weiter geht? Dann kümmere ich mich jetzt wieder um meine Sachen. Die Termine heute Abend habe ich schon abgesagt. Habt ihr etwas gegessen?»

Ootas mütterliche Sorge lässt Naida schmunzeln. »Ja, mach dir keine Sorgen. Und selbstverständlich werde ich dich auf dem Laufenden halten. Du wirst wieder hören, entweder von mir oder von Kit. Ich umarme dich!»

»Ich umarme dich auch, Liebes. Vielen Dank für alles.» Oota hängt auf.

Naida steht da, mitten im Besucherraum bei der Polizei. Es ist schon fast neun Uhr abends und auf der Wache ist es noch ruhig, bevor die Nachtszene ihren Tribut fordert. Anstatt zurück zu Kit zu gehen, setzt sie sich hin und lässt es einige Minuten lang zu, ihren Gedanken nach zu hängen. Soviele Dinge sind nun in kürzester Zeit passiert. Es ist fast unglaublich. Währenddem sie darüber nachdenkt und den Tag Revue passieren lässt, spürt sie sanft Mayas Energie, die sich in ihrer Rückengegend verdichtet. Naida lächelt und bittet Maya innerlich, näher zu kommen. In Gedanken spricht sie mit ihr.

»Maya, schön bist du da. Danke!»

Maya lächelt. »Ich bin schon lange bei dir, Liebes. Jetzt spürst du mich, weil du dir einen Moment Auszeit gönnst. Das stimmt mich dankbar! Geniess deinen Rückzug, tanke auf. Ich freue mich, dich dabei unterstützen zu dürfen.» Mayas Energie verstärkt sich noch mehr. Sie ist glücklich darüber, dass Naida ihren inneren Impulsen nachgeht und eine Pause macht. Noch vor über einem Jahr hat Naida in Krisensituationen die Geistige Welt gar nicht mehr gespürt. Und jetzt lässt sie es zu, sich zu regenerieren. Maya freut sich. So sitzt Naida in sich gekehrt im Besucherraum, als Maurice eilig eintritt. Ihm wird ihm sehr warm ums Herz, wie er sie da sitzen sieht. Er geht sofort zu ihr, setzt sich neben sie hin und umarmt sie innig. Innerlich sagt er ihr, wie sehr er sie liebt und geniesst diesen einen Moment der Innigkeit, die Naida zulässt. Dann aber nimmt er sich selbst wieder zurück. Sie ist die Frau eines Anderen, und diesem Anderen soll er nun helfen. Er nimmt ihre Schultern und schiebt sie sanft von sich, um ihr in die Augen zu schauen. »Chérie, wo ist er? Ich will keine Zeit verlieren.»

Naida blinzelt und räuspert sich. »Natürlich, vielen Dank, Maurice.» Verlegen schaut sie ihn an. »Ich weiss, ich bugsiere dich hier in eine aussergewöhnliche Situation. Danke, Maurice, danke.»

Er steht auf. »Lass es, Naida, je t'en pris. Willst du hier warten, währenddem ich mit ihm und den Polizisten rede?»
Naida nickt und er geht.

3. Zeit, heim zu gehen

Maurice erreicht, dass Kit noch in derselben Nacht nach Hause darf. Da er jedoch nicht auf Strafrechtsprozesse spezialisiert ist, ruft er am nächsten Morgen einen befreundeten Anwalt an und bittet ihn, das Mandat zu übernehmen. Kit wird nicht um eine Verhandlung herum kommen und alles hängt des Weiteren vom Heilungsverlauf des Verletzten ab.

Oota, Maurice, Kit und Naida sitzen am Abend des nachfolgenden Tages alle um Ootas Wohnzimmertisch.

»Die Verletzungen sind leider zu gross. Es handelt sich um ein Offizialsdelikt. Das heisst, Kit ist automatisch angeschuldigt, ohne dass der Verletzte Anzeige erstatten muss. Trotzdem empfehle ich ihm, dass er in den nächsten Tagen das Gespräch mit dem Verletzten sucht und sich in irgendeiner Form entschuldigt. Dieser ist zum Glück nicht mehr im Krankenhaus, und auch er hat eine Anzeige am Hals. Nicht nur die Körperverletzung gegen Kit, sondern auch wegen Randalierens», erklärt Maurice.

»Ach, warum ist er angezeigt, wegen seinen Verletzungen an Kit? Die kleinen Schrammen sind ja nicht wirklich ernst zu nehmen.» Oota macht eine ungeduldige Handbewegung. Dann erklärt sie sich sogleich selbs. »Andererseits hat der ja angefangen, nicht Kit.»

Maurice schmunzelt. »Nun ja, so einfach ist es dann doch nicht. Allerdings geht es in diese Richtung. Kits Verletungen sind gering und grundsätzlich nur auf Strafantrag zu verfolgen. Da sie jedoch mit dem Randalieren einhergehen, ist es eine ernstere Sache, auch für den Anderen.» Er steht auf. »Ich hoffe, euch damit gedient zu haben. Mein Kollege setzt sich morgen mit dir in Verbindung. Heute hat es noch nicht geklappt,» sagt er, zu Kit gewandt. Die beiden drücken sich respektvoll die Hand, beide vom anderen wissend, dass er Naida liebt. Kit hat es geschafft, den Anflug von Neid durch die Tatsache, dass Maurice ausgerechnet ihm sachlich und respektvoll geholfen hat, im Keim ersticken zu lassen. »Pass gut auf sie auf», flüstert Maurice ihm ins Ohr, bevor er den anderen Adieu sagt. Kit nickt; stumm und nicht ohne Bewunderung für diesen Mann. Im letzten Moment kriegt er ein »Vielen Dank für deine Hilfe» heraus.

Die Beklommenheit steht buchstäblich im Raum. Naida beobachtet die Szene mit gemischten Gefühlen. Innerlich bedankt auch sie sich bei Maurice, äusserlich winkt sie ihm nur kurz zu und schickt ihm eine Kusshand. Sie will ihn nicht zur Türe begleiten, Oota übernimmt es. Als sie alleine sind, nehmen sich Kit und Naida fest in die Arme.

»Morgen geht mein Flug, Kit.» Kit räuspert sich und löst sich aus der Umarmung.
»Ja.» Er schaut zu Boden. »Wie schnell kommst du wieder?» Er drückt ihre Hand. Theoretisch könnte sie in der Schweiz den nächsten Flug wieder zurücknehmen und wie eine Touristin für drei Monate einreisen.

»Kit, ich will mich nicht hetzen, bitte verstehe das. Meine Eltern haben es verdient, dass ich mir ein wenig Zeit für sie nehme. Zudem gibt das euch die Gelegenheit, eure Organisation offiziell zu gründen und eine Charity-Nummer zu beantragen. Wenn ihr diese habt, komme ich als offizielle Praktikantin wieder.» Sie nimmt seine Hände. »Du kannst mich in der Zwischenzeit in der Schweiz besuchen kommen. Wie tönt das?»

Sein Unbehagen ist klar ersichtlich. »Du weisst, dass stundenlange Flugreisen nicht mein Ding sind, Naida.» Er schaut ihr tief in die Augen. »Auf jeden Fall muss ich zuerst diese Anzeige-Sache erledigen und meiner Mutter bei der Gründung helfen. Danach können wir wieder darüber reden. Wäre das auch OK für dich?» Insgeheim hofft er, dass bis dahin genug Zeit verstrichen und Naida von alleine wieder zurück ist.
Naida umarmt ihn. Sie spürt sein Unbehagen und versucht, es

nicht persönlich zu nehmen. Auch für sie ist es sehr schwer, jetzt zurück in die Schweiz fliegen zu müssen. Aber bei ihr ist es anders als bei ihm. Sie fliegt nach Hause. Er hingegen würde in die Fremde gehen, und das nur für sie. »Wir nehmen Schritt für Schritt wie es kommt«, flüstert sie beruhigend. »Bringst du mich morgen zum Flughafen?«

»Wir alle kommen morgen zum Flughafen, meine Liebe«, antwortet Oota anstelle von Kit. Sie hat Maurice an der Tür verabschiedet und kommt mit frischem Tee herein. »Inzwischen bist du eine von uns geworden. Es wird nicht nur für Kit schwer sein, dich gehen zu lassen!« Oota zwinkert Naida zu.

Die Vorweihnachtszeit hat in der Schweiz Einzug gehalten. Ab Mitte November sind die Verkaufsgeschäfte schon in den festlichen Vorbereitungen; sämtliche Dekorationen, Düfte und leisen Hintergrundsongs kündigen das grosse christliche Fest an. Naida schlendert mit ihrer Mutter durch die Innenstadt von Luzern, welche mit den vielen stilvollen kleinen Läden und Cafés bei Einkaufsbummlern sehr beliebt ist.
Naida ist inzwischen schon seit zwei Wochen zu Hause. Der Trennungsschmerz sitzt tief, trotzdem wird er mit jedem Tag schwächer. Mit Oota hat sie gemeinsame Meditationszeiten vereinbart, in denen sich die beiden an einem im Geiste vorgestellten Lagerfeuer treffen, um gemeinsam in die Stille zu gehen.
Mit Kit spricht sie fast alle zwei Tage via Skype-Videotelefonie. Auch mit Dominique und Akemi hat sie Kontakt. Sie tauschen sich regelmässig über lange Emails aus. Naidas Mutter weiss inzwischen jede Einzelheit aus der Gefühlslandschaft ihrer Tochter. Ausser, dass diese ihre Chemotherapie erneut aufgeben will. Das hat sich Naida noch nicht getraut zu sagen. Dies hat sie sich für heute fest vorgenommen.

Als die beiden gemütlich in einem typisch schweizerischen »Beizli« sitzen, »Berner Rösti« zum Mittagessen bestellt haben und gemeinsam einen Salat als Vorspeise teilen, rückt Naida heraus mit der Sprache. »Mami. Ich werde die Chemo nicht

beenden.» Sie schaut ihre Mutter zögernd an.
Diese schlägt ihre Augenlider nieder, legt ihr Besteck hin und atmet tief ein und wieder aus. »Das dachte ich mir schon. Du hast von allem gesprochen, nur nicht von deiner Behandlung.» Sibylle schaut hoch, direkt in Naidas Augen. »Du warst immer ein braves und vernünftiges Mädchen. Auch wenn es mir Sorgen macht, weiss ich, dass du nicht unbesonnen eine Therapie abbrichst.» Plötzlich packt sie Naidas Hände. »Bitte, sag mir, dass du nicht unbesonnen bist!» Aus ihren Augen spricht Angst. Angst um den Verlust ihres einzigen Kindes.

Naida ist geschockt. Keine Sekunde hätte sie sich ausgemalt, dass es für ihre Mutter so schlimm ist, dass sie krank ist. Aber nun fällt es ihr wie Schuppen von den Augen; schliesslich ist sie Sibylles einzige Tochter! Und nahezu die einzige Verwandte! Wie konnte sie nur derart egozentrisch sein und niemals an ihre Mutter denken? Naida schiessen Tränen in die Augen. Sie steht auf, geht um den Tisch herum und umarmt ihr Mami innig. »Mameli, ich hatte keine Ahnung! Es tut mir so leid, dass ich mich nie in dich hinein versetzt habe!»

Sibylle kann ihre Tränen nun auch nicht mehr zurückhalten. Eine Weile lang halten sich die beiden fest, und Naida kriegt eine geballte Ladung von Bewusstwerdung dafür, was sie alles ihrer Mutter zu verdanken hat. Aber sie spürt, dass da noch etwas anderes ist. »Komm, Mami, wir nehmen uns nun Zeit füreinander. Ich erzähle dir alles über meine Genesungsabsichten, und du erzählst mir, was dir sonst noch auf dem Herzen liegt. Was sagst du dazu?»

Sie zwinkert ihrer Mutter mit nassen Wimpern und gekräuselten Lippen lustig zu.

Sibylle kann nicht anders, sie muss lachen. »Oh, mein Kind, ich konnte dir noch nie meine Geheimnisse verheimlichen. Du bist einfach unglaublich!» Sie lächelt und nimmt ein sauberes Taschentuch aus der Handtasche, um ihre Tränen vom Gesicht zu tupfen. Bevor sie es Naida weiterreichen kann, kommt der Kellner und serviert ihnen das Schweizer Gericht aus geraffelten und knusprig gebratenen Kartoffeln, welche mit Speck und Raclette-Käse überbacken sind. Beide freuen sich nun auf diesen kräftigen Schmaus und greifen herzhaft zu. Nach dem Essen erzählt Naida ihrem Mami von der unglaublichen Zeit bei Oota und Kit und von ihrer eigenen Verwandlung, die für sie war, als ob sie in ein anderes Leben gekommen sei.
Sie erzählt von ihrer tiefgängigen und regelmässigen Meditationspraxis, von den Träumen des anderen Lebens und davon, dass ihr Knoten wieder nahezu verschwunden ist. »Eigentlich hätte ich in diesen Tagen eine weitere Phase

Chemotherapie durchlaufen müssen. Ich habe bis zur Ausweisung nicht darüber nachgedacht! Aber Dominique war so freundlich und hat Dr. Marchal abgesagt. Ich bin fest davon überzeugt, dass alleine mein Wandel zu meinem bewussten und wahren ICH mich in diesen Heilungsprozess gebracht hat. Und nachdem ich nun einen anfassbaren Beweis des Rückgangs habe», sie deutet auf ihre Brust, »möchte ich ungern nochmals freiwillig in diese schrecklichen Nebenwirkungen der Chemo eintauchen. Weisst du, was ich meine?» fragt sie ihre Mutter scheu.

Sibylle nickt. »Ja, ich glaube, ich verstehe dich, auch wenn ich von diesen »Indiandersachen» keine Ahnung habe. Ich weiss ja, dass du achtsam bist. Letztes Jahr hast du mir mehr Sorgen gemacht als dieses, ich gestehe es!» Sie lacht befreit. »Danke, mein Kind, danke für deine Offenheit.» Berührt drückt sie wieder Naidas Hand.

Naida strahlt sie an. Wie wundervoll ihre Mutter doch ist! Spontan packt sie sie für eine weitere Umarmung.

»Nun zu dir, Mameli» sagt sie zu ihr, als sie sich voneinander lösen. »Was bedrückt dich genau?»

So erzählt Mami von Papi. Wie sehr er sich verändert hat in

den vergangenen Monaten. Er schlafe schlecht, wache oft auf, manchmal schreiend. Tagsüber ziehe er sich noch mehr zurück. »Du kennst deinen Papi, Naida. Er war noch nie sehr gesprächig. Aber bei mir hatte er sich noch immer geöffnet gehabt.» Sie macht eine Pause, Tränen kommen hoch. »Doch das ist jetzt vorbei. Er schaut mich selten an, gibt nur für das Nötigste Antwort.» Verlegen schaut sie am Tisch vorbei zu Boden.
Naida hält ihre Mutter an deren Händen fest und drückt sie nun sanft, um ihren Beistand zu verstärken. »Das tut mir Leid, Mami. Wann hat es begonnen?»

Sibylle schaut hoch und überlegt eine Weile. »Das war kurz nach deiner Abreise.» Sie überlegt. »Ja, genau. Und damals, als du mich angerufen hast und nach seiner Zeit in Kanada gefragt hast, ist es noch schlimmer geworden.» Mit grossen Augen schaut sie Naida an. »Das wird mir erst jetzt bewusst. Denkst du, das hängt zusammen? Hattest du nicht auch Visionen von ihm?»

Naida nickt zustimmend. »Ja,» sagt sie und versucht sich genau zu erinnern. »Zu Beginn war es, mitten im Alltag plötzlich auftauchend, das innere Bild von Papi. Allerdings hat das aufgehört, als ich bei Oota zum ersten Mal im Zirkel war und die ganze Gruppe ihn wahrgenommen hat.» Sie nimmt die

Hände ihrer Mutter hoch und drückt einen Kuss darauf. »Es hat mich damals einige Tage lang stark beschäftigt, weil ich nur mit dir darüber geredet habe, und mit ihm nicht. Allerdings spürte ich, dass es mit meiner eigenen Geschichte zu tun hat. Die Visionen haben dann aufgehört und auch die Gruppenangaben in den Zirkeln. Ich muss gestehen, dass ich danach nicht mehr weiter darüber nachgedacht und meine Bemühungen, mit ihm zu reden, fallen gelassen habe.» Sie schaut ihrer Mutter in die Augen. »Es tut mir leid!»

Sibylle schüttelt den Kopf. »Das muss es nicht, Kind. Du hattest eine derart intensive Zeit und warst mit dir selbst genug beschäftigt! Da musst du dich wirklich nicht noch um die Leben anderer kümmern.» Sie seufzt. »Denkst du, dass deine Erfahrungen und das Verhalten deines Vaters zusammenhängen?»

»Nach allem, was ich inzwischen durch die schamanischen Lehren, Erinnerungen und modernen Erfahrungen lernen durfte: ja. Und ehrlich gesagt, fühlt es sich auch für mich zusammenhängend an.» Sie drückt ihrer Mutter den Arm. »Mami, es tut mir leid, für alles, was du leiden musstest. Ich realisiere nun, wie alleine du dich gefühlt haben musst! Warum hast du vorher nie mit mir darüber gesprochen?»

Ihre Mutter gibt noch keine Antwort, bestellt stattdessen zwei Weisstee beim Kellner, der gerade vorbeihuscht. »Mein Kind. Du kennst mich doch. In Gedanken war ich ständig bei dir. Keine Sekunde lang wäre es mir in den Sinn gekommen, dich mit der Last deiner Krankheit, deinem Auslandaufenthalt und deinen Abenteuern zusätzlich mit meinen Sorgen zu belasten. Keine Sekunde!»

Naida drückt ihr entschlossen einen Kuss auf die Wange. »Du hast recht, das ist typisch für dich. Und das ehrt dich auch. Aber jetzt bin ich hier und froh, hast du dich geöffnet. Gemeinsam finden wir einen Weg auf Papi zu zu gehen. Bist du einverstanden?»

Sibylles Sorgen sind wie weggeblasen. Sie spürt, dass es richtig ist und lächelt. »Ja, das machen wir. Du hattest in heiklen Situationen schon immer eine besondere Wahrnehmung für die richtigen Schritte.»

Später, als sie durch die letzten Geschäfte tummeln und Naida die mindestens zehnte Winterwollkappe anprobiert hat, sagt sie: »Mami, jetzt weiss ich es. Ich werde ihn darauf ansprechen. Ganz simpel, ganz einfach! In einigen Tagen kommt er wieder heim von seiner Arbeit und ich werde spüren, wann der richtige Moment ist.» Strahlend dank diesem Entscheid, steht sie vor ihrer Mutter. Aber bevor diese antworten kann, hat Naida schon wieder eine andere, süss pinke Wollmütze auf, was derart komisch aussieht, dass Sibylle nur lachen muss. »Na, geht doch!» denkt Naida zufrieden und legt die Mütze zurück.

Kit liegt angezogen auf seinem Bett und denkt an Naida. In den vergangenen Tagen sind seine Gefühle mit jedem Mal, als er morgens aufgewacht ist, noch stärker geworden. Er vermisst sie unendlich und die regelmässigen Talks per Skype und die SMS helfen ihm nicht dabei. Im Gegenteil, manchmal möchte er lieber nicht mit ihr reden, weil danach sein Trennungsschmerz noch stärker wird.

Seine Gedanken kreisen über den jüngsten Ereignissen. Warum musste das alles gleichzeitig passieren? Er begreift es einfach nicht. Aber er war sich klar darüber, dass er mit Allem zurecht gekommen wäre, auch mit dieser blöden Anzeige. Nur die Ausweisung von Naida hätte wirklich nicht sein müssen. Er schüttelt den Kopf. Dass es ihm nicht vorab in den Sinn gekommen ist, eine offizielle Insitution zu gründen, um das zukunfträchtige Vorhaben auf stabile Säulen zu setzen! Er hätte es wissen oder zumindest die Idee gehabt haben müssen, Abklärungen zu treffen. Dann wäre das Vorhaben offiziell registriert gewesen und Naida wäre noch hier.

Er schnaubt tief aus und schüttelt den Kopf, während er sich zur Seite dreht und ein Kissen an sich drückt. Obwohl es schon fast Mitternacht und er hundemüde ist, will er sich nicht bettfertig machen und schlafen. Seine Gedanken sind wieder bei Naida und er erinnert sich an ihre ersten romantischen Szenen, in denen sie sich liebevoll und zärtlich näher gekommen sind. Er riecht ihren lieblichen und sanften Duft, spürt ihre zarte Haut unter seinen Fingern und ihr Herz an seiner Brust klopfen. Einige Momente lang reicht ihm der erneute Genuss der Erinnerung, bis er sich ungeduldig umdreht. Wann kommt sie wieder? Offenbar hat sie es nicht eilig zurück zu kehren. Heute beim Telefonieren hat sie etwas erwähnt, was sie mit ihrem Vater klären will. Kit seufzt.

Was sind seine Alternativen? Er überlegt. Seine Mutter Oota hat die ersten Schritte für die Gründung eines Nonprofit-Vereines unternommen. Das öffentliche Drumherum hat ein wenig abgenommen. Die Bevölkerung ist mit anderen News beschäftigt: Einerseits sind Korruptionsvorwürfe an die Behörden gelangt, und die Menschen trauern um drei Kinder, welche auf mysteriöse Weise tot aufgefunden worden sind. So tragisch diese Nachrichten auch sind, Kit ist froh darum. Denn sie lenken ab und geben dem Vorhaben seines Volkes ein

wenig Luft.
Er dreht sich wieder. Öffentlichkeitsarbeit kann von Vorteil sein, damit die Menschen informiert sind und sich vielleicht sogar für die Sache einsetzen. Aber sobald etwas Negatives kommuniziert wird, schadet dies der guten Sache. Seine Gedanken gehen zurück zu Naida, in seiner Herzgegend fühlt er einen stechenden Schmerz. Er könnte zu ihr fliegen. Zur Zeit interessiert es niemanden, wenn er weg wäre. Seine Mutter hat die Neugründung im Griff und zur Not würden die anderen Bekannten ihr helfen. Und er könnte den Stoff, den er an der Uni verpasst, im Nachhinein irgendwie aufarbeiten. Vielleicht wäre es jetzt sogar der ideale Moment, im Hinblick auf die Weihnachtstage? Mit etwas gutem Willen könnte er es richten, vor Neujahr wieder zurück zu sein.

Er wird immer unruhiger, die Idee fasst Wurzeln und wird konkreter. Dann steht er auf und checkt die nächsten Flüge. Wenn er sein Erspartes knackt, kann er den Flug bezahlen. Für die Unterkunft in der Schweiz und seine Verpflegung müsste er wohl mit keinen Ausgaben rechnen, weil er bei Naidas Familie zu Gast sein könnte. Das macht einiges einfacher. Jetzt spürt er ein Flattern, die Aufregung, in seinem Herzen! Ja, so soll es sein. Am liebsten würde er sofort buchen. Aber zuerst will er mit seiner Mutter reden. Und Naida sagt er nichts. Es soll eine Überraschung sein! Er lächelt, zieht sich aus, duscht und legt sich ins Bett. Jetzt kann er schlafen.

Fréderic hat zwar seine Tochter bei ihrer Rückkehr aus Kanada vom Flughafen abgeholt, danach jedoch gleich wieder gehen müssen. Ihre Ankunft ist genau in eine seiner Touren gefallen, und diese ist erst jetzt, zehn Tage nach ihrer Heimkehr, zu Ende. Er fühlt sich müde und das Leben empfindet er als sehr sinnlos. Nur seine tief verankerte Disziplin und sein angeborener Hang, alles korrekt zu erledigen, halten ihn in einem stumpfen Automatismus davon ab, den Job an den Nagel zu hängen und sich fallen zu lassen. Im inneren Auge stellt er sich vor, wie es wäre, wenn er einfach nur in den Tag hinaus leben könnte. Wenn er nichts müsste. Wenn niemand da wäre, der von ihm abhängig ist und wenn er niemandem Rechenschaft ablegen müsste. Dann würde er nur noch vor sich hin vegetieren.

Denn alles ist egal. Nichts mehr macht ihm Freude, nichts baut ihn auf, er lässt niemanden an sich heran.

Naidas Vater parkiert seinen Wagen in der Garage und stampft mit kräftigen Schritten, sein Gepäck in beiden Händen, durch den inzwischen knöchelhohen Schnee zur Eingangstüre. Was es wohl zu essen gibt? Naida wird auch da sein, klar. Er ist froh, geht es ihr gut. Er hat sie mehr vermisst, als er je zugeben würde. Aber alle seine Gefühle, alle seine Angst, hatte er wohlweislich gleich bei ihrem Abflug tief vergraben. Schliesslich wollte er denselben Fehler, wie er ihn damals gemacht hatte, nicht wiederholen.

Als er hineinkommt, empfängt ihn eine warme und liebevolle Athmosphäre. Die Lichter sind gedämpft und aus der Küche strömt ein verlockender Duft des feinen Abendessens. Er ist es sich nicht anders gewohnt. Seine treue und liebevolle Frau hatte stets ein Händchen dafür, ihm ein behagliches Heim zu schaffen. Aber jetzt ist es nochmals anders. Er kann es nicht erklären. Irgendwie fühlt sich die Stimmung anders an...

Aus den Tiefen seiner Melancholie auftauchend, streckt sein Herz neugierig die Nase. Kartoffelstock und Braten, sein Lieblingsgericht. In seinem Mund ziehen sich die Geschmacksnerven zusammen und Speichel bildet sich, den er runterschluckt. Er kann nicht anders; es geht ihm besser. Kaum zu glauben. Aber was ist anders als an anderen Abenden, wo er heimgekommen ist? Er stellt seine Koffer hin, zieht Mantel und Schuhe aus und die Pantoffeln an. Niemand ruft. Leise geht er ins warm erleuchtete Wohnzimmer. Sein Blick wird weich, als er seine zwei Frauen auf dem Sofa sitzen sieht. Sie sind darin vertieft, alte Fotoalben anzuschauen. Als er

zu ihnen geht, steht Sibylle auf, lächelt ihn an und umarmt ihn liebevoll. »Frédi, du hast mir gefehlt. Schön, bist du hier! Komm setz dich auch zu uns!» Sie macht ihm Platz, damit er zu Naida sitzen kann.
Naida hat die liebevolle Umarmung beobachtet und grinst breit. »Hoi Papi! Alles gut?» Sie umarmt ihn, als er sich setzt. »Schau hier, wir haben die Fotos gefunden, auf denen ich ungefähr sechs gewesen sein muss.»

Fréderic gesteht sich ungern ein, wie wohltuend dieser Moment auf ihn wirkt. Er lächelt, drückt seine Tochter und während er sie wieder loslässt und ihren zarten Duft nach Rosen und Erde in der Nase hat, redet er endlich. »Naida.» Naida schaut zu ihm auf, schmunzelnd. Sie drückt ihm nochmals die Hand. Seine Augen sprechen Bände. »Ja, Papi, es geht mir gut und ich bin auch froh darum.»

Er lacht stumm und macht es sich auf dem Sofa bequem, seitlich ins Album schielend. Sibylle dreht sich zufrieden um und geht in die Küche zurück. »In 5 Minuten ist angerichtet. Kommt bitte zu Tisch ihr beiden!»

So verbringt die kleine Familie ein harmonisches Miteinander beim Abendessen. Eine Erfahrung, die sie seit Jahren nicht mehr hatten. Fréderics bedrückende Gefühle sind verflogen und er geniesst das Geplapper seiner Tochter, welche nonstop von Kanada erzählt. Ohne ihr wirklich zu zu hören, konzentriert er sich auf ihre fröhliche Stimme und das feine Essen. Er ist zufrieden.

Nach dem Essen hilft Naida beim Abräumen und fordert ihn fröhlich dazu auf, auf dem Sofa auf sie zu warten. Als sie mit dem Kaffee reinkommt, meint sie:
»Schaust du mit mir die anderen Fotoalben an, Papi? Irgendwo muss noch eines von meiner Geburt sein.» Sie stellt den Kaffee hin... und erstarrt.

Von einer Sekunde zur anderen hat sich die Stimmung ihres Vaters verändert. Eben noch wirkte er entspannt und zufrieden, aber jetzt hat er sich ruckartig aufgesetzt und die Augen geschlossen.
Naida atmet tief durch und beschliesst, es zu ignorieren.
»Weisst du, ich meine das Album, welches mich bei der Geburt und gleich danach zeigt. Auch Mami ist da drauf!»

Ihr Vater steht abrupt auf, starrt sie an und sagt mit erhobenem, auf sie gerichteten Zeigefinger: »Sei still, Naida. Still!» Er schnaubt regelrecht, sein Atem geht schnell und seine Augen funkeln wild.

Naida erschrickt und weicht ein wenig zurück. Für sie fühlt sich das an, als ob jemand mit einem scharfen Schwert die Luft zerschnitten hätte. Sie getraut sich kaum sich zu bewegen. »...Aber Papi, was ist denn los?» flüstert sie. Innerlich realisiert sie, dass dieses Verhalten nicht wirklich mit ihr zu tun hat. Sie spürt, dass nun etwas Wichtiges passiert. Also sagt sie nichts weiter. Sie atmet.

Inzwischen steht auch Sibylle in der Tür, die beiden beobachtend. Sie spürt, dass sie nicht eingreifen darf. »Ich will nicht diskutieren. Lass die Geburtsalben. Lass es einfach!» Inzwischen schreit er.

Eine Weile lang scheint die Zeit still zu stehen. Niemand sagt etwas, man hört nur Fréderics Schnauben. Er scheint sich aber langsam wieder zu beruhigen und setzt sich aufs Sofa.

Obwohl er Naida Angst einjagt, spürt sie in ihrem Rücken die verdichtende und liebende Energie ihres Geistigen Teams, das ihr Sicherheit und Mut gibt. Sie ist nicht alleine, sie alle drei sind nicht alleine.

So setzt sie sich mutig neben ihren Vater und wartet. Sie sagt nichts, sondern sitzt nur da, ihren Blick an ihm vorbei auf den Boden gerichtet. Naida spürt die inneren Konflikte ihres

Vaters. Sie weiss, dass es nicht seinem Naturell entspricht, derartig garstig und bösartig zu sein. Es kann sich also nur um etwas handeln, das ihn stark beschäftigt. Naida spürt die Gegenwart der Geistigen Welt mit jeder Sekunde intensiver und es ist, als ob sie ihr nicht nur Kraft gäbe, sondern ihr gleichzeitig ermöglicht, den Zustand ihres Vaters noch besser zu spüren und zu verstehen. »Beweg dich nicht, noch nicht.» Naida hört Mayas Stimme in ihrem inneren Ohr und spürt ihre Präsenz hinter sich. Die Zeit bleibt wieder still. Ihre Mutter steht immer noch in der Tür. Auch sie realisiert instinktiv, dass sie sich nicht rühren darf.

Dann beginnt ihr Vater wieder sehr rasch zu schnaufen, und mit verkrampften Fäusten schlägt er auf seine Knie ein. »Lasst mich in Ruhe, lasst mich in Ruhe!»

Naida fragt sich, mit wem er redet. Es ist, als wenn er sich belästigt fühlte. Sie verlagert ihre Konzentration von ihm weg, nimmt ihren Blick noch enger zu sich und versucht, die Situation aus ihren Augenwinkeln zu beobachten. Und da sieht sie es. Eine wunderbare, verdichtete Energie befindet sich hinter ihrem Vater. Sie umgibt ihn wie ein Mantel. Liebevoll. Beschützend.
Ihr Vater schlägt wieder mit den Händen um sich. Will er etwas Lästiges vertreiben?

Aus einem Impuls heraus legt Naida ihre flache Hand auf sein Knie. In den ersten Sekunden hüpft ihre Hand wieder in die Luft, weil sich ihr Vater derart kämpfend, aber immer noch sitzend, bewegt. Aber Naidas Hand hat eine sichere, liebevolle Position und kommt warm auf seinen Oberschenkel zurück.

Augenblicklich beruhigt er sich, legt seinen Kopf zwischen seine Hände, die er mit den Ellbogen auf den Knien aufstützt. Eine scheinbar übernatürliche, starke Heilenergie beginnt zu fliessen: von Naidas Team durch Naida hindurch über ihre Hand zu Fréderic, fliesst durch ihn durch und vollendet den Kreislauf mit dem Anschluss an seinem eigenen Team. Die beiden befinden sich in einem liebenden, warmen und lichtvollen Fluss, der sich sanft und mit zarten Wellen durch sie hindurch bewegt. Trost, Verständnis, Geborgenheit und Liebe machen sich breit. Fréderic und Naida sitzen da, und nehmen dies innert Sekunden wahr. Unfähig, etwas anderes zu machen, als es zu zu lassen. Naidas Augenwinkel füllen sich mit Tränen und nach einer Weile hört sie, dass auch ihr Vater schluchzt. Zu Beginn sehr leise, dann immer heftiger. Seine Geräusche kommen tief aus ihm heraus. Rollende, sich mit den Tränen vermischende und rauspullende Schluchzer. Naida wechselt intuitiv ihre Hand, legt ihre Linke auf sein Knie und ihre Rechte auf seinen Rücken, um ihm näher zu sein.

So sitzen die beiden, minutenlang. Was Fréderic erlaubt, sich in geschütztem und liebendem Rahmen seinen Tiefen zu stellen, ohne dass sich sein Verstand quer stellt und die Kontrolle übernehmen kann.

Sibylle beobachtet die beiden fassungslos. Nach einer Weile hat sie das Bedürfnis, sich zu setzen und nimmt im Sessel neben Naida Platz. Sie sieht die Energien nicht, aber sie spürt, dass die Geistige Welt intensiv am Arbeiten ist, und dass ihr Mann deshalb von seiner Wut und Agressivität herunter gekommen ist. Sie spürt, dass sie nichts sagen soll. Und so schweigt sie weiter.

Naida hat inzwischen ihr Kinn auf die linke Schulter ihres Vaters gelegt. Die beiden weinen miteinander. Irgendwann dreht sich Fréderic, immer noch schluchzend, zu ihr hin. Seine Augen sind aufgequollen und sein Gesicht über und über voll mit Tränen. »Mein Allerliebstes, wie konnte ich nur.» Er nimmt sie fest in seine Arme und drückt sie an sich. »Es tut mir so leid, dass ich dich angeschnautzt habe, so leid.» Seine Tränen werden noch mehr, andere Schluchzer, die sich irgendwie flacher anhören, kommen nun aus ihm heraus.

Naida erwidert seine Umarmung, tief gerührt, und wiegt ihn sanft hin- und her. Sie spürt und weiss intuitiv, wie wichtig dieser Moment ist, wie wichtig es ist, dass sie nun nicht nur Tochter, sondern auch als Erwachsene und als Medium ihrem Vater beisteht. Ihr Verstand versteht zwar noch nicht, was da abgeht, aber ihr Herz fühlt den intensiven Fluss der Heilung; als ob es um weltlich übergeordnete Vorgänge ginge. Naida kennt diese intensive Erfahrung noch nicht, aber sie hatte früher schon oft annähernd ähnliche Heilenergien fliessen gespürt...

Momente, wo tiefe Berührung, ein Einlassen, Zulassen und Ganzwerden stattgefunden haben. Auch ihre Erfahrung der Auflösung mit Oota Dabun fühlte sich ähnlich an. Jetzt jedoch scheint es sich um eine geballte Ladung zu handeln, komplexe Zusammenhänge, Tiefe, Breite und Unendlichkeit stehen im Raum und um sie herum. Sie muss es nicht verstehen, noch nicht.

So hält sie die Umarmung aus, bis die Energie ein wenig nachlässt. Dann löst sie sich sanft, öffnet ihren linken Arm und lädt so stumm ihre Mutter zur Umarmung ein. Diese kniet neben Vater und Tochter auf den Boden und legt beiden ihre Hände auf die Oberschenkel und ihr Gesicht in den Schoss ihres Mannes.

Eine unendliche Zeit später beginnt Naida aus einem inneren

Impuls heraus und mit leiser Stimme zu reden. »Papi. Du bist nicht alleine. Du bist beschützt. Nicht nur, weil Mami und ich hier sind. Dein Team ist auch hier. Und ich glaube, das spürst du jetzt auch, nicht wahr?» Gleichzeitig muss Naida daran denken, welche Aversion ihr Vater stets gegen ihre medialen Fähigkeiten hatte.

Fréderic nickt stumm, sein Taschentuch rausholend und sich damit die Tränen und den Rotz abwischend. Sein Blick ist immer noch gesenkt. Er fühlt sich absolut nicht in der Lage, seinen Verstand einzuschalten. Die Athmosphäre, die ihn umgibt, wirkt wohlig schwer, harmonisch und zeitlos. Sie ist schön. Er will nicht, dass dieser Zustand aufhört. Er legt seine rechte Hand auf die Schulter seiner vor ihm knienden Frau.

Naida spricht sanft weiter. »Möchtest du uns etwas erzählen?« Intuitiv spricht sie weiter. »Vielleicht von deiner ersten Frau?»

Ihre Worte lösen bei ihm augenblicklich wieder einen langen Schluchzanfall aus. In ihm drin fühlt es sich an, wie in einem unendlichen, tiefen Gewässer; in dem ein kräftiger Strudel vergessen gemeinter Bilder, Szenen und Gefühle aus alten Zeiten herumwirbelt.

Irgendwann verebbt auch dieser Anfall, und nach einer sich

unendlich anfühlenden Stille beginnt Fréderic mit leiser, stockender Stimme zu erzählen.

»Ich war jung, noch keine zwanzig, als ich nach meiner Verkaufslehre bei einem Radio- und TV-Händler topmotiviert nach Kanada auswanderte. Das heisst, ich hatte vor, auszuwandern. Die Wirtschaftslage hier in der Schweiz war schlecht für einen jungen Verkäufer, und Kanada hatte mich schon immer fasziniert. Meine Eltern waren zu sehr mit sich selbst, den anderen Geschwistern und ihrer Armut beschäftigt. Ich hingegen habe zwei Jahre lang jeden Franken gespart, um irgendwann etwas Grosses daraus zu machen. So nahm ich mein Geld, stopfte meine besten Kleider in einen Seesack und kaufte ein Flugticket nach Montréal. Meine Idee war es, so rasch es geht einen Job zu finden. Ich war bei verschiedenen Arbeitgebern und kam so ein wenig im Land herum. Als ich eines Tages erfuhr, dass ein bekannter Vertrieb von Landwirtschaftsgeräten einen fähigen Verkäufer suchte, hatte ich mich in der Stadt Québec auf diese Stelle gemeldet und sie erhalten. Dieser Job war schlussendlich der Grund, weshalb ich stets unterwegs war, und das vorwiegend in ländlichen Gegenden.»

Fréderic macht eine Pause, bevor er fortfährt. Sibylle richtet sich auf und rückt einen Sessel näher, in dem sie nun Platz nimmt.

»Ich hatte keine Ahnung von der unglaublichen, atemberaubend schönen Natur in Kanada. Und ich hatte mir ehrlich gesagt auch sehr wenig Gedanken über die Ureinwohner gemacht. Aber eines Tages, ich hatte gerade einen erfolgreichen Verkauf eines Traktors hinter mir, traf ich in einem Diner eine bildhübsche Frau, welche offensichtlich indianischer Abstammung war. Sie trug ihr Haar traditionell zu Zöpfen geflochten. Ansonsten war sie zeitgemäss modern mit Jeans und T-Shirt gekleidet. Sie ging an die Bar und bestellte sich einen Erfrischungsdrink und ich stand mutig auf und lud sie dazu ein. Ihr Lachen war umwerfend, ihre Frische und Natürlichkeit, die aus ihren Augen sprachen, ansteckend. Man musste sie einfach lieben! Natürlich war ich nicht vor ihrem Zauber geschützt, was sich aber als ungefährlich erwies. Wir kamen ins Gespräch, verstanden uns sehr gut und dann gab das Eine das Andere.»

Er blickt zum ersten Mal hoch. »Ich möchte euch nicht weh tun. Soll ich es wirklich erzählen?» Beschämt schielt er zu Sibylle hinüber. Schliesslich hatte er ihr all die Jahre nie ein Wort davon berichtet.

Sibylle weicht seinem Blick aus, sagt aber nichts. Naida drückt ihm die Hand und flüstert: »Ja, Papi. Es ist nun Zeit dafür.»

Fréderic räuspert sich und fährt weiter. »Wir lernten uns besser kennen, und egal wo ich gerade im Staat herumreisen musste; ich schaffte es immer, dass wir uns treffen und Zeit miteinander geniessen konnten. Sie war als Krankenschwester im hiesigen kleinen Spital tätig und eng mit ihrem Volk verbunden. Wahrscheinlich auch deswegen, weil sie ihre Eltern schon als Kind verloren hatte und als Waise in einem Heim aufgewachsen war.

Nach einigen Monaten war für uns klar, dass wir für immer zusammen bleiben wollten. Wir heirateten, einerseits auf dem Standesamt, andererseits vor dem Ältesten ihrer ansässigen Sippe. Gemeinsam suchten wir uns eine Wohnung, und da ich ziemlich erfolgreich in meinem Job war und gut verdiente, ging es uns sehr gut. Zudem war Momo im Krankenhaus sehr engagiert, nicht nur als Krankenschwester, sondern auch damit, die alten heilenden Riten ihres Volkes in die Schulmedizin zu integrieren. Das war sehr anstrengend, weil die Ärzte dort nicht sehr offen waren. Sie war auch die einzige Schwester, die sich dazu bekannte und hin und wieder auf eigene Verantwortung schamanische Heilkünste anwendete.» Fréderic macht eine Pause, schneutzt seine Nase, knüllt das Taschentuch zusammen und schaut beim Weitersprechen konzentriert darauf, als ob er die Geschichte in diesem Tuch wieder finden könnte. Die beiden Frauen warten geduldig, Naida nippt an einem Glas Wasser.

»Wir waren sehr glücklich. Momo, meine Frau, wurde schwanger. Wir schienen unbegrenzt beschenkt. In meinem Kopf fühlte es sich an, wie wenn ich Drogen genommen hätte. Ich war permanent am Schweben, erzählte jedem von meinem Glück und fasste es nicht, dass sich mein Traum vom Auswandern nun nicht nur umsetzen, sondern wie aus dem Bilderbuch manifestieren liess. Die Menschen freuten sich mit uns und Momo wurde mit jedem Tag in der Schwangerschaft schöner und strahlender. Sie ging regelmässig zu einer Hebamme aus ihrem Volk, um sich untersuchen zu lassen. Zwar hätte sie in ihrem Krankenhaus zu einem Arzt gehen können. Aber sie wollte den Kontakt zu ihrem Volk stärken und es ist klar, dass sie dem medizinischen Wissen der Urvölker vertraute.

Ab dem 7. Schwangerschaftsmonat gab es Komplikationen. Sie verlor Blut und hatte Krämpfe. Man gab ihr Gebräu aus der Natur, wedelte im Rahmen von Ritualen mit Federn um sie herum. Ich verstand nicht genau, was unternommen worden war. Aber weil meine Frau darauf vertraute, vertraute ich auch. Ich hinterfragte es nie! Ihr wurde Bettruhe verordnet und in den Zeiten, in denen ich beruflich unterwegs war, musste jemand von ihrem Stamm zugegen sein. Es war immer jemand anderes, aber sie war nie alleine. Ich hatte ein schlechtes Gewissen, sie alleine zu lassen, aber Momo versicherte mir jedesmal beim Gehen, dass es so sein solle und sie zurecht käme. Dazu kam, dass wir unser Gehalt nicht auch noch verlieren konnten, was passiert wäre, wenn ich zu Hause geblieben wäre.»

Sibylle drückt ihm einfühlsam die Hand. Die beiden Frauen getrauen sich nicht, etwas zu sagen.

Fréderic spricht weiter. Tränen steigen ihm wieder in die Augen. »Sie starb, und ich war nicht anwesend! Man hat mir im Nachhinein versichert, dass die Hebamme sofort vor Ort gewesen sei, aber nichts mehr hatte unternehmen können. Offenbar setzten die Wehen zu früh ein. Momo muss in einem stundenlangen Kampf das Baby tot geboren haben. Man hatte mir nie gesagt, woran sie selbst gestorben war. Ich vermute, es war eine Infektion. Aber ich weiss es nicht.» Fréderic schluchzt. »Mein Gott, ich hätte dort sein müssen. Ich hätte sie ins Krankenhaus gebracht!»

Naida umarmt ihren Vater fest. Auch Sibylle drückt ihn liebevoll. Naida löst sich und überlässt die beiden ihrer Umarmung. Dann geht sie in die Küche und wäscht sich die Hände. Das kühle Nass tut gut, es klärt ihr den Kopf. Langsam dämmert ihr, weshalb sie ihren Vater nur mit einer Aversion gegen ihre medialen Wahrnehmungserfahrungen gekannt hat. Nach diesem schrecklichen Erlebnis musste er ja allem widerstehen, was mit natürlichen und energetischen Verfahren zu tun hat! Und jetzt versteht sie auch, weshalb er keine Fotos von ihrer Geburt anschauen wollte. Es musste ihn schmerzlich an den Tod seiner ersten Familie erinnern. Wäre sie selbst je geboren worden, wäre dies nicht passiert? Was wäre aus dem Kind geworden? Was wäre mit ihrer Mutter? Fragen über Fragen. »Denk nicht soweit, Naida«, flüstert Maya in ihr Ohr. »Geschehen ist geschehen.«

Als sie zurück ins Wohnzimmer kommt, liegen sich die beiden weinend in den Armen. Heilung hat Platz gekriegt, sie ist deutlich zu spüren. Naida lächelt. »Ich gehe Tee aufsetzen, ihr zwei. Lasst euch Zeit!» Sie verschwindet wieder in der Küche.

Als Sibylle und Fréderic sich ausgeweint haben, nimmt er das Gesicht seiner Frau in seine Hände und schaut ihr in die Augen. »Meine Geliebte, ich hoffe, du verstehst dies alles nicht falsch. Ich liebe dich und habe dich immer geliebt! Auch wenn es sich widersprüchlich anhören mag.»

Sibylle hält seinen Blick aus, seine Worte berühren sie tief. »JA», flüstert sie. »Ich weiss.» Sie zögert. »Warum hast du mir nie davon erzählt, Frédi?»

Er lässt ihr Gesicht los und schaut beiseite. »Ich hatte wohl Angst, dass sich alles wiederholt. Und nach Naidas Geburt ergab sich nie der richtige Zeitpunkt. Nach Momos Tod war ich regelrecht in die Schweiz zurück geflüchtet. Du und ich haben uns erst zwei Jahre danach kennen gelernt. Ich hatte somit genügend Zeit, alles ein wenig zu verdauen und mich zu beruhigen.» Er schaut sie wieder an. »Es tut mir sehr leid, Silly».

Ihren Kosenamen zu hören, tut ihr gut. Jetzt spürt sie wieder ihren gewohnten Frédi. Sie drücken sich die Hände, Sibylle wechselt den Platz und streckt ihre Beine. Naida bringt den Tee genau zum richtigen Zeitpunkt herein. Eine Weile sitzen die drei auf dem Sofa und trinken stumm aus den warmen Bechern.

»Sag mal Naida», fragt Fréderic, als er sich ein wenig gefasst hat. »Woher hast du das gewusst?» Er schaut sie neugierig an.

Naida schmunzelt, ihre Mutter antwortet an ihrer Stelle. »Frédi, überleg doch mal. Du hast zwar nie etwas von Naidas medialen Fähigkeiten hören wollen, aber trotzdem weisst du davon.» Sie lächelt ihn an und schaut dann stolz zu ihrer Tochter. Wie feinfühlig sie diese Runde geleitet hat!

Verlegen stellt Fréderic seine Tasse hin. »Mmh. Nun ja.» Er räuspert sich. »Das ist wohl wahr. Naida. Wirst du mir vergeben? All die Jahre habe ich deine andere Art verschmäht.» Er schaut sie direkt an.

Naida steht auf und umarmt ihren Vater nochmals innig. »Papi. Vergiss es einfach! Ich habe viel gelernt dabei. Und zudem hast du mir andere, ganz wichtige Dinge gezeigt. Deine Liebe war immer zu spüren und wir haben stets viel gelacht. Von dir hatte ich mehr als andere Kinder in meinem Alter von ihren Vätern, die täglich zu Hause waren.» Sie drückt ihn nochmals. »Ich liebe dich.»

Der Abend nimmt einen stimmigen, leisen Ausklang. Doch Naida realisiert beim Zubettgehen, dass nochmals ein Gespräch mit ihrem Vater ansteht. Denn sie hat ihm noch immer nicht mitgeteilt, was ihre Mutter inzwischen weiss: Dass sie ihre schulmedizinische Behandlung gegen ihren Krebs nun definitiv fallen gelassen hat. Aber vielleicht ist es ganz gut, einen Schritt nach dem anderen zu gehen, denkt sie. Morgen versteht er es vielleicht besser als gestern, nachdem er endlich sein Geheimnis gelüftet hat.

Naidas Alltag ist reichhaltig mit tollen Unternehmungen gefüllt. Nur zwei Wochen nach ihrer Rückkehr in die Schweiz hat sie einer benachbarten Gartenbaufirma, Seetaler Gartenbau AG, zugesagt, deren neuen Büroeingang kunstvoll und kreativ zu schmücken, damit deren Geschäftsbesucher mit einer warmen Ambiance empfangen werden können. Naida kennt den aktuellen Geschäftsführer aus der Jugendzeit, obwohl er mindestens 10 Jahre älter ist als sie. Im Dorf ist Naidas kreative Ader und liebevolle Art allgemein bekannt, weshalb es sie nicht überraschte, als ihre Mutter ihr von diesem Jobangebot erzählt hat.

»Ich hab kürzlich den Fabian im Dorf getroffen und er hat mich spontan gefragt, ob ich dich vermitteln könnte. Er wäre sehr froh um deine Mithilfe, weil seine eigenen Leute alle sehr eingespannt sind. Obwohl es Wintersaison und somit für den Gartenbauer die ereignisloseste Zeit ist, hat der Junior seine Leute gut eingeteilt. Du kriegst alles an Deko zur Verfügung, was du möchtest. Ist das nicht wunderbar? Und so nebenbei verdienst du etwas Sackgeld.» Sibylle ist sichtlich begeistert und Naida kann nicht anders als zu lachen.

»Wieder typisch du, Mami. Na, dann geh ich mal verhandeln, nicht wahr.» Aber Naida muss gestehen, dass das Jobangebot perfekt für sie ist. Nach Weihnachten will sie nämlich wieder nach Montréal zurück, das heisst, nur wenn die Fondation definitiv steht, die Oota nun gründet. Aber bis dahin sind es noch ein paar Tage und wieso diese nicht mit einer kreativen

Aufgabe verbringen?

Zudem meditiert sie regelmässig, vor allem die Grottenmeditation. Sie erfährt dadurch jedesmal bewusste Heilungsgefühle und sie ist überzeugt, dass Heilung wirklich passiert.

Die regelmässigen Übungen mit Oota sind auch nicht ohne, und mit all dem zusammen ist Naida vollends beschäftigt. Hat sie einige Stunden übrig, hilft sie ihrer Mutter tatkräftig beim Haushalten. Ihr Vater ist inzwischen wieder für 10 Tage weg, dafür wird er an den Festtagen bis nach Neujahr zu Hause sein. Naida freut sich darauf, wie noch nie. Es ist schon sehr beeindruckend, wie die Auflösung von Fréderics Geheimnis Entspannung in ihre Familie gebracht hat. Ihre Eltern liebkosen sich wieder vor ihren Augen und ihre Mutter strahlt wie eine Sonne.

Am 10. Dezember 2012, es ist ein Montag und Naida hat gerade ihre tägliche Meditationszeit mit Oota hinter sich, klingelt es an der Tür. »Ich geh schon!» ruft Naida zu ihrer Mutter ins Wohnzimmer. Fröhlich hüpft Naida zur Wohnungstür und öffnet diese ahnungslos.

Völlig perplex und fast geschockt steht sie mit offenem Mund da und starrt auf den Mann vor ihr.

Kit lächelt sie unsicher an und wippt nervös von einem Fuss zum anderen. Dann lässt er seinen Seesack fallen und umarmt die über alle Massen überraschte Naida innig. Tief atmet er den lieblichen Duft ihrer Haare ein. »Chérie, ich hab dich sooo vermisst!!»
Naida lässt sich stumm drücken. Dann kommt die Botschaft langsam aber sicher in ihrem Hirn an und sie erwidert seine Umarmung heftig. »Wow, Kit, ich fasse es nicht! Wo kommst du denn her? Und warum weiss ich nichts von deinem Besuch?» Tränen steigen ihr in die Augen, als sie sich löst und ihn anschaut.

Sibylle unterbricht die emotionale Situation, indem sie hinter Naida im Türrahmen stehend Kits Gepäck ergreift und hineinträgt. »Ihr Lieben, kommt rein. Ihr könnt euch auch drinnen weiter küssen.» Sie schmunzelt.

Naida reibt sich die feuchten Augen und Kit schiebt sie sanft ins Innere der Wohnung. Für Naida ist dieser Augenblick völlig unwirklich: Im selben Moment zu kapieren, dass ihre grosse Liebe plötzlich in ihrem Zuhause steht, und das noch in einem Land, das er gar nicht kennt! Sie hat ihn zwar sehr vermisst und trotzdem sich nie vorgestellt, wie es sein könnte,

wenn er hier wäre!
Und nun ist Kit hier. Immer noch fassungslos steht sie da und schaut ihn an. Kit inmitten des Wohnungsflures, mit dicker Winterjacke und modischem Herrenschal bekleidet und funkelnden Augen abwartend, was sie als Nächstes tun würde. gleich bei ihrem Abflug

Erneut ist es Sibylle, die die Situation weitertreibt. Sie umarmt den ihr bislang unbekannten Schwiegersohn in spe herzlich und heisst ihn willkommen. Sie schiebt ihm Gästepantoffeln zu und hängt seinen Mantel an der Garderobe auf. Dann lässt sie die beiden mit der Entschuldigung alleine, dass im Keller die schmutzige Wäsche auf sie warte.
Naida und Kit, nun alleine, schauen sich tief in die Augen. Auch für Kit ist die Situation sehr speziell, aber er bereut seine spontane Entscheidung für diese Reise nicht. Und jetzt, wo sich die Seelen der beiden in diesem innigen Blickkontakt treffen und wiedererkennen, erst recht nicht. Kit spürt das bekannte und wunderbare Naida-Gefühl. Und Naidas Herz scheint flüssig zu werden, dermassen stark wird ihr ihre Liebe bewusst. Sie lächelt und nähert sich ihm langsam, ohne seinen Blick zu verlieren.

Als ihre Gesichter sich ganz nah sind, spüren sie gegenseitig den warmen Atem des Anderen. Die Verbindung zwischen den beiden wird noch intensiver und Naida spürt, wie nun auch ihre Erregung einsetzt. Kit nimmt ihr Gesicht wie in Zeitluppe sanft in seine Hände und seine Lippen berühren Naidas Lippen zart. Der zu Beginn langsame und vortastende Kuss steigert sich, gemischt mit ihrem immer mehr pulsierenden Atem, in einen leidenschaftlichen Austausch. Naida schiebt Kit noch während diesem innigen Kuss langsam in Richtung Schlafzimmer. Als Kit kapiert, was sie vorhat, öffnet er ihre Zimmertüre, packt Naida mit einem sicheren Griff links und rechts an ihren Oberarmen und lässt sie langsam auf ihr Bett sinken.

Die nächste Stunde ist reserviert für die Verschmelzung einer überkontinentalen Liebe...

Als die beiden völlig verschwitzt und splitterfasernackt unter Naidas Bettdecke kuscheln und sich glücklich umarmend ausruhen, redet Kit zum ersten Mal.

Er erzählt ihr von den Fortschritten im Charityprojekt, vom Verlust seiner starken Triebkraft in dieser Angelegenheit und er richtet ihr herzliche Grüsse von Oota aus. »Auch von Dominique soll ich dich lieb grüssen. Ich habe nur kurz mit ihr telefoniert, als ich auf den Flug gewartet habe.» Er drückt Naida noch mehr an sich heran. Naida lächelt und bedankt sich für die Grüsse. »Naida, ich hab es nicht mehr ausgehalten ohne dich! Es schien alles so sinnlos!» Sie schauen sich an, Naida muss dafür ihren Kopf, der vorhin auf seiner Brust gelegen hat, ein wenig verrenken.

»Du hast mir auch gefehlt, Kit. Deine Überraschung ist dir vollends gelungen! Nie hätte ich gedacht, dass du herkommst. Wie ist es dir mit dem langen Flug ergangen?»

Kit lacht. »Ach, alles halb so schlimm. Kennst mich doch: Zu Beginn ein bisschen zu jammern, widerspricht sich nicht unbedingt mit dem, wofür ich mich schlussendlich entscheide!»

Auch Naida muss lächeln. Kit zeigt gerade einen seiner Vorzüge, die sie sehr an ihm schätzt: Er kann sich selbst auf die Schippe nehmen.
Die beiden plaudern noch eine Weile, und auch Kit erfährt von Naidas neuesten Entwicklungen. Auf einmal knurrt Naidas Magen lautstarkt und sie müssen wieder lachen. »Komm, lass uns nach vorne gehen. So wie ich meine Mutter kenne, hat sie für uns gekocht. Du hast bestimmt auch Hunger, nach dieser langen Reise!»

So ziehen sich die beiden an und schlendern lachend und blödelnd in die Küche. Sibylles Gesicht zeigt deutlich, wie glücklich sie darüber ist, Naida mit Kit zu sehen. Währenddem sie ihren Eintopf nachwürzt, ruft sie Kit und lädt ihn dazu ein, das Gericht abzuschmecken. Kit ist erfreut über dieses Zeichen des Zutrauens und Naida deckt in der Zwischenzeit den Tisch für einen zauberhaften und erfüllenden Abend.

Die Tage bis zur Weihnachtszeit scheinen schnell zu vergehen. So, wie die Butter, die Sibylle jeden Tag für ihre Festtagsgebäcke schmelzen lässt. Kit und Naida sind vollends ausgelastet. Während Naida ihrem Job bei der Gartenbaufirma nachkommt, hilft Kit Sibylle in der Weihnachtsküche. Er schläft viel und geniesst es, dass er das Auftanken zulassen darf. Die vergangenen Wochen waren doch recht hart. Die Anzeige, die nachfolgenden Aufwände: Weitere Verhöre, Diskussionen mit seiner Versicherung, Termine mit dem neuen Anwalt. Aber Gott sei Dank hat der Kollege von Maurice alles professionel im Griff. Nur seinetwegen ist vorerst Ruhe eingekehrt und Kit durfte ohne weiteres ausreisen.

Kit und Sibylle lernen sich besser kennen und Kit realisiert, dass sich die Schweizer und die Kanadischen Bräuche, trotz des trennenden Atlantischen Ozeans, gar nicht so stark unterscheiden. Sibylle ist für einen hiesigen Verein tätig, der an einem Weihnachtsbazar selbstgebackene Brote feil halten will. Deshalb lernt Kit nun aus erster Hand, wie man einen typisch schweizerischen Butterzopf flechtet. Hin und wieder erzählt er Sibylle von seinem indianischen Hintergrund, und sie hört interessiert zu. So seltsam dies klingen mag: Diese Gespräche bringen Sibylle nicht nur ihrer Tochter und deren Geliebten näher. Nein, sie beginnt je länger je mehr, ihren Ehemann und seine kanadische Vergangenheit zu verstehen und meint, sich besser in ihren Mann hineinfühlen zu können. Es scheint sich für sie ein Kreis zu schliessen. Und ihre Dankbarkeit für die Anwesenheit dieses jungen, exotischen Mannes in ihrer Küche verstärkt sich mit jedem Tag.

Naida fühlt sich rund, ausgefüllt und glücklich. Dass Kit sie hier besuchen kommt, hätte sie sich nicht einmal in ihren Träumen zu wünschen gewagt. Und jetzt ist er hier! Sie fühlt sich unendlich beschenkt und geniesst jede Minute in diesen Adventstagen. Selbst jene, wo sie von ihm getrennt ist, weil sie ihren Aufgaben nachgeht.

Ihr Dekojob ist nach einer Woche erledigt und Weihnachten kommt mit grossen Sprüngen näher. Ihre Mutter spannt sie gleich nach ihrem letzten Tag in der Gartenbaufirma zu Hause ein, um die Wohnung festlich zu schmücken und die Aussenbeleuchtung anzubringen. Bald kommt Naidas Vater wieder heim. In zwei Tagen ist es soweit.

Jetzt, wo Naida tagsüber wieder zu Hause ist, realisiert Kit, dass sie neuerdings innerlich abgelenkt ist. Nachdem er sie mehrmals tief in Gedanken versunken dabei beobachtet hat, wie sie sich aus ihren Gesprächen ausklinkt und schlicht nicht mehr antwortet, reicht es ihm.
Liebevoll nimmt er seine Naida an der Hand, führt sie in ihr Zimmer und nimmt sie in die Arme. Naida staunt lächelnd.
»Nanu, wie hab ich das verdient?» sagt sie flüsternd.

Er küsst sie innig, bevor sie sich aufs Bett setzen. »Ich will mit dir reden, chérie.» Der Ernst in seiner Stimme lässt Naida aufhorchen. »Worum gehts? Ist etwas in Montréal passiert? Ist etwas mit Oota?»

Er schaut ihr in die Augen und nimmt ihre Hand. »Nein, es geht um dich!».

»Um mich?» Sie zieht ihre Hand zurück. »Warum?»

»Na, du bist seit gestern zu oft gedanklich abwesend, als dass ich das ignorieren könnte. Möchtest du mir nicht erzählen, was dich beschäftigt?» fragt er sanft und nimmt ihre Hand wieder in seine.

Naida fühlt sich ertappt und schaut beschämt zu Boden.

»Komm,» sagt er liebevoll. »Erzähl mir von deinen Sorgen, wir sind doch füreinander da.»

Naida schaut zu ihm hoch und küsst ihn zärtlich auf die Lippen. »Du bist wundervoll, weisst du? Denn du hast Recht. Ich denke an Papi. Morgen kommt er heim. Und ich werde die paar Tage bis zu Weihnachten nutzen müssen, ihm von meinem Chemoabbruch zu erzählen. Danach gehts nicht mehr. Ich will dich schliesslich nach Kanada begleiten.»
Die beiden sitzen nebeneinander auf ihrem Bett. Kit drückt sie an sich und nickt. »Alles klar. Du machst dir Sorgen, wie er darauf reagiert. Das verstehe ich. Aber deine Mutter weiss es schon, nicht wahr?»
Naida nickt und erzählt ihm Details über die Enthüllungen ihres Vaters vor Kits Eintreffen. »Es wäre nicht gut gewesen, hätte ich meine Entscheidung auch noch erwähnt. Es war der richtige Zeitpunkt für seine Geschichte, nicht für meine.»

Kit staunt über Fréderics Geschichte. »Wow, das hätte ich jetzt auch nie gedacht! Du hast mir zwar von deinen Visionen und Erfahrungen an Mum's Zirkel erzählt, aber dass er wirklich so stark mit einem unserer Urvölker verknüpft gewesen ist, hätte ich mir nie gedacht.» Kit runzelt die Stirn. »Eine tragische Geschichte. Dein Vater und deine Mutter haben mein ganzes Mitgefühl.»

Die Beiden umarmen sich fest. »Ich werde auch da sein, vergiss das nicht. Und ich weiss, dass du den richtigen Moment finden wirst, ihm von deiner Entscheidung zu erzählen.» Kits Worte verfehlen ihre Wirkung nicht. Naidas Gesicht erhellt sich.
»Danke, chéri.»
»Ja, und vergiss nicht,» fügt Kit an, »dass dich Maya bestimmt auch begleitet.»

Naida schaut erstaunt zu ihm hoch. Maya! Sie hatte ihren Schutzengel total vergessen, seit ihr Freund vor einer Woche hier angekommen ist.
Ein leises, schlechtes Gewissen schleicht sich in ihre Herzgegend. »Oh, ja klar. Du hast Recht.» Sie senkt ihre Augen wieder. Tatsächlich hatte sie in der vergangenen Woche weder meditiert, noch den Kontakt zu Maya bewusst aufrecht erhalten. Auch die Termine mit Oota hat sie abgesagt. Die Anwesenheit ihres Freundes hat sie zu stark beansprucht! Und sie hat sich derart erfüllt gefühlt, dass sie kein Bedürfnis gehabt hat, die inzwischen liebgewonnen Rituale mit ihrem Geistigen Team weiterhin wahrzunehmen.

Innerlich entschuldigt sie sich bei Maya. Sofort spürt sie eine zarte Energie um sich herum. Dann tröstet Naida sich selbst, indem sie sich vornimmt, gleich heute Abend eine Stunde alleine zu meditieren. Kit wird schon zurecht kommen und das

verstehen. Obwohl sie weiss, dass Kit auch in den anderen Tagen kein Problem damit gehabt hätte, wenn sie ihre Praxis des In-sich-Ruhens fortgeführt hätte; fühlte es sich für Naida sehr seltsam an, ihre bisherigen Gewohnheiten liniengetreu weiter zu machen, währenddem sie wusste, dass ihr Liebster im Nebenzimmer ist. Lieber unternimmt sie etwas mit ihm und geniesst jede Stunde, die sie beide zusammen kriegen.
Naida seufzt und nimmt Kit nochmals in die Arme. Nicht einfach, das alles. Trotzdem wird es schon irgendwie gehen.

»Danke, Kit, danke.»

4. Die andere Sicht der Dinge

Maya steht in dem Moment, als Kit mit Naida über deren Meditationsauszeit spricht, neben den beiden. Sie freut sich für ihren Schützling, dass sie es diesmal früher gemerkt hat als vor ein paar Monaten. Wie rasch sich die Menschen doch ablenken lassen! Aber Naida wird die Kurve jetzt kriegen, da ist sie sich sicher. Maya verdichtet ihre liebliche Heilenergie und dreht sich um. Hinter ihr ist die Präsenz von Soraya und Baracha zu spüren. Baracha lächelt sie an, auch er ist mit seinem Schützling Kit sehr zufrieden. Maya bewundert Baracha. Sie stellt es sich besonders herausfordernd vor, für einen Menschen tätig zu sein, der nicht bewusst mit ihr kommuniziert. »Wie machst du das, Baracha? Für mich ist es wichtig zu erkennen, dass mein Schützling mit mir spricht.« Mayas schaut ihn gespannt an.

Baracha, in seiner Weisheit und durch seine klugen Taten überall in der Geistigen Welt bekannt, lächelt sie an. Dann schielt er zu Soraya hinüber, welcher ihm unmerklich zunickt. Baracha wendet sich wieder Maya zu. »Geschätzte Kollegin. Es ist wundervoll zu sehen, wie du deine Talente für unseren ehrenwerten Dienst in den Menschen einsetzst. Aber bedenke: Du bist noch jung, du darfst noch vieles erfahren! Ich selbst habe zur Zeit die Ehre, Menschen mit einer unbewussten

Weisheit und unbewussten spirituellen Verbindung zu ihrem Selbst zu begleiten. Natürlich bedeutet dies, dass sie nicht mit mir bewusst sprechen. Allerdings wirst du spätestens dann, wenn auch du diese Erfahrungen zugeteilt erhälst, realisieren, dass diese Menschen deswegen nicht minder weit und nicht mehr fortgeschritten sind deswegen, als andere.» Baracha hüstelt. Seine Gestalt wirkt auf Maya hoch, schlank, edel und stolz.

Maya senkt in Demut den Kopf. Sie weiss, dass es nicht darum geht, die Menschen und deren Schicksale miteinander zu vergleichen. Es geht auch unter den Schutzengeln nicht darum, deren Aufgaben bei den Menschen zu vergleichen. Es geht einzig darum, dass alle - Naida, Kit, sie selbst aber auch Soraya oder Baracha, einfach jede Seele - auf einem Weg sind. Ihrem eigenen, individuellen Weg. Und es geht darum, dass alle Seelen individuell in einem Punkt verbunden sind: Sie alle sind ein Teil Gottes mit dem Streben nach Vervollständigung und «Ent-Wicklung«. Sie sind alle Eins! Und doch alle individuell. Es hat sehr lange gedauert, bis Maya diese Aussage verstanden hat. Noch heute ist es so, dass sie sie eher als »wahr» fühlt, als dass sie sie versteht.

Baracha spricht weiter. »Ja, du hast recht. Es macht mir Freude zu beobachten, dass mein Schützling Kit deinem Schützling

Maya einen wertvollen Impuls gegeben hat. Als sein Begleiter spüre ich, dass er seinen Weg geht. Sogar oder gerade auch damals, als er in der Zelle sass, hat er seine »Fort-Schritte« gemacht!»

Mayas Energie wird weich in Dankbarkeit über diesen Unterricht in einer Thematik, die sie schon x Mal gehört hat und immer wieder neu versteht und integriert. Barachas Energie vermischt sich und gleicht sich ihrer Weichheit an. »Ich liebe Dich. Es ist schön, dass du meine Partnerin bist. So wie es schön ist, dass ich auch andere Partner habe.» Baracha schaut hoch zu Soraya, welcher die Szene aus Distanz beobachtet. Dieser nickt erneut wohlwollend. Baracha fährt weiter:

»Du weisst, dass du nicht alles weisst, was den roten Faden deines Schützlings Naida anbelangt. Ich habe nun die Aufgabe, dich auf die nächsten Schritte vorzubereiten.»

Maya erschrickt. »Die nächsten Schritte?« Aber ihre Aufgabe ist doch klar? Naida ist nachwievor in der Herausforderung, ihre Krankheit als Spiegel zu erkennen. Nachwievor lernt sie, ihre Wahrnehmung auch für sich selbst einzusetzen und ihren wahren Weg zu gehen. Indem sie ihre wahren Potentiale leben lernt und Offenheit und Aufrichtigkeit liebevoll vorlebt und

weitergibt. Die Krankheit ist noch nicht überwunden. Zudem lebt sie ihr Potential noch nicht einmal ansatzweise in der Art aus, dass sie es in den Dienst für Andere setzen kann.
»Weshalb nun schon der nächste Schritt?«, denkt Maya.
»Weil nicht immer alles seriell und nacheinander zu haben ist, meine Liebe» schmunzelt Soraya hinter ihr.

Jeder Gedanke ist in der Geistigen Welt wie ein ausgesprochenes Wort wahrnehmbar.
»Ja, und worum geht es denn?» fragt Maya neugierig und erstaunt.

Energetisch umarmt Baracha sie immer noch. »Wir beide werden die zwei nun eine Weile gemeinsam begleiten.»
Na, das ist Maya klar und logisch. Schliesslich sind Naida und Kit ein Paar. Aber worum gehts wirklich? Sie schaut die beiden Mentoren fragend an.

Sorayas Energie verdichtet sich nun auch und verteilt sich um sie herum. Maya weiss, dass dies ein Abschied ist. »Die Zeit wird kommen, in der du weisst, was zu tun ist, meine Liebe. Denk daran: Jeder kriegt das, wozu er schon bereit ist und die Kraft dazu hat. Dies gilt nun auch für dich!» Sorayas Energie hält noch eine Weile und verschwindet dann.

Maya schaut Baracha verblüfft an. »Sagst du mir mehr darüber?» fragt sie ihn. Er schüttelt langsam seine Energie. »Leider nein. Aber konzentriere dich weiterhin auf deine bisherige Aufgabe, dann verpasst du nichts. Wir beide sind einander so nahe, dass wir rechtzeitig wissen, was zu tun ist.»

Maya weiss, dass er Recht hat. Sie fühlt es. Eine Weile baut sie bewusst ihr eigenes inneres Licht auf und mittet sich wieder neu ein. Als sie sich in ihrer zentralen Kraft wieder findet, spürt sie die unendliche Zuversicht, Vertauen und Liebe. Eine Weile geniesst sie diese Heilenergie bewusst.

Leider muss Maya feststellen, das Naida ihren Vorsatz, am Abend eine Stunde zu meditieren, grosszügig gegen einen Kinoabend mit ihrer Mutter und Kit eintauscht. Aber trotzdem ist Maya nicht enttäuscht. Die Kraft, die aussagt, dass alles einen Sinn hat, ist sehr stark in ihr drin und sie labt sich gerne an diesem Vertrauen. Sie weiss, dass es nur diese Toleranz ist, die ihrem Schützling beste Möglichkeiten gibt, seinen Weg zu gehen. Deshalb konzentriert sie sich weiterhin darauf, in Naidas Nähe zu sein und auf sie zu achten.

Am nächsten Tag kommt Fréderic nach Hause, und dessen Geistiges Team hat Maya schon Impulse dazu gegeben, dass er sich sehr freue und aufgeschlossen sei.

Maya ist zufrieden, denn dies ist eine gute Voraussetzung dafür, dass Naida in Ruhe mit ihm reden kann.

Aber wieder kommt alles anders.
Als Naida ihren Vater sieht, umarmt er sie heftig. »Mein Mädchen, ich habe dich so vermisst. Das glaubst du nicht, in diesen Tagen musste ich stets an deine Genesung denken und wie sehr ich mich dafür schäme, mich nie um den Verlauf deiner Gesundung gekümmert zu haben.» Fréderic löst sich aus der Umarmung mit Naida, hält sie noch an den Schultern fest und schaut ihr prüfend in die Augen. »Na, du bist doch wieder gesund, nicht wahr?»

Maya beobachtet, wie Naida beschämt zu Boden schaut. Rasch baut sie ihre Energie um ihren Schützling herum. Zuversicht und Liebe, das braucht sie nun.

»Papi... Ich muss dir hierzu was gestehen.» sagt Naida beschämt. Im Hintergrund scharren Kit und Sibylle nervös mit ihren Hausschuhen. »Aber zuerst will ich dir Kit vorstellen. Hier,» und sie macht erleichtert einen Ausfallschritt nach links und ihr Vater steht vor Kit. »Das ist mein Freund Kit. Kit, das ist mein Vater.»

Ein wenig verwirrt, aber äusserst höflich gibt Fréderic dem

unbekannten, indianischen Mann die Hand. Kit erwidert den kräftigen Händedruck, bringt aber nichts als ein verdrücktes »Bonsoir, Monsieur» heraus. Maya verstärkt immer noch bewusst ihre Heilenergie bei Naida.

Naida schaut hilfesuchend zu ihrer Mutter, welche ihren Mann umarmend begrüsst, in die Hände klatscht und dann alle ins Wohnzimmer spediert. Aber Fréderic lässt sich nicht aufhalten. Er hält Naida am Arm zurück und bittet sie ins Nähzimmer. Dort schliesst er die Tür und schaut seine Tochter besorgt an.

»Meine Liebe, bitte entschuldige. Es ist mir absolut klar, dass du dich mir jetzt auch nicht mehr mitteilen willst, nachdem ich mich all die Monate nicht gekümmert habe.» Er geht auf sie zu und Maya beobachtet beruhigt, dass es Naida gut geht. Zudem stellt Maya noch ein weiteres Geistwesen im Raum fest. Als sie sich näher darum kümmert, realisiert sie die Gestalt einer jungen, dunkelhaarigen Frau, die ihren Fokus auf Fréderic hat. Maya weiss in dem Moment, dass es sich um Momo, seine erste Frau, handelt und ist berührt von deren liebevollen Energie, mit der sie ihren früheren Geliebten und Ehemann umgibt. Mayas Interesse geht wieder zu ihrem Schützling Naida zurück. Diese scheint erleichtert darüber zu sein, dass ihr Vater immer noch mit sich selbst hadert, anstatt wie erwartet den Gipfel der Sache zu vermuten. Aber Naida macht keinen Anschein, dass sie Momos Anwesenheit spürt. Oder die ihrige.

Naida setzt sich auf den unbequemen Bürodrehstuhl, zieht ein Bein an ihren Bauch und bietet ihrem Vater einen Hocker an. »Ich bitte dich, Papi, ich bin dir doch nicht böse. Es ist mir immer klar gewesen, dass du genug Sorgen um die Ohren hast.» Nachdenklich macht sie eine Pause, bevor sie ihm die ganze Geschichte erzählt. »Als ich im Mai in Montréal ankam, war es, als ob ich in ein neues Leben erwache.«
Naida erzählt, und erzählt. Sie lässt nichts aus, von da an, seit sie vor knapp einem dreiviertel Jahr in Zürich abgeflogen ist.

Naida erzählt von Dr. Marchal, der Chemotherapie. Von ihren Visionen mit seinem Bild, ihren schlimmen Nebenwirkungen, der Begegnung mit Oota. Sie erzählt, dass eigentlich eine weitere Phase Chemo zeitgleich mit ihrem Flug hierher vorgesehen gewesen wäre, sie diese aber absagen lassen hat. Sie erzählt von ihrer Grottenmeditation, von den Heilritualen, die sie bei Oota gelernt hat und der Tatsache, dass der Knoten inzwischen verschwunden ist.

Maya verdichtet und intensiviert ihre Schutzengelenergie. Sie kann nicht verbergen, wie stolz sie auf Naida ist, weil sie endlich offen zu allem steht!

Naida hält inne und schaut ihren Vater erwartungsvoll an. Dieser ist einige Augenblicke lang unfähig, seine Gefühle in Worte zu fassen. Schutzengel Maya spürt, dass er überwältigt ist von einem lang verschlossenen Zugang zu seinem Herzen, was die Anwesenheit seiner ersten, verstorbenen Frau ausgelöst haben dürfte. Und sie merkt, dass Naida offenbar noch immer auf eine bestürzte Reaktion ihres Vaters wartet.

Dann löst sich Fréderic aus seiner Erstarrung. Er steht auf und nimmt seine einzige Tochter liebevoll in die Arme. Dann schluchzt er und weint, ähnlich wie an jenem Abend vor ein paar Tagen, als er von seiner ersten Frau erzählt hat.

Und Maya versteht, warum. Denn sie sieht Momo daneben stehen. Sie sieht, wie Momo all ihre Liebe in diesen Moment einfliessen lässt.

»Ich weiss, dass du deinen Weg gehst mein Kind. Den Weg, den du ausgewählt hast und nur du bestimmen kannst. Aber verstehst du, dass ich mich sehr, sehr fest sorge um dich, wenn du mir sagst, dich auf alternative Heilungswege verlassen zu wollen?» Er löst die Umarmung, umklammert ihre Schultern mit beiden Händen und sieht sie tränenüberströmt eindringlich an. »Ich will dich nicht auch noch verlieren!» Die Panik ist aus seiner Stimme herauszuhören.

Naida begreift plötzlich: Auch sie verlässt sich nun auf schamanische Praktiken, wie damals seine Frau. Nur dass diese dabei gestorben ist. Insgeheim bedauert und bewundert sie ihren Papi - beides gleichzeitig. Aus einem Impuls heraus umarmt sie ihn innig. »Danke, Papi, dass ich meinen Weg gehen darf. Es ist vielleicht für meinen Körper der richtige oder falsche. Aber er ist auf jeden Fall für mich selbst der richtige Weg.»

Maya weiss schon immer, dass Naida sehr weise ist. Diese Worte allerdings berühren nicht nur sie, auch Momo lässt Heilung fliessen. Maya linkt sich mit ein und unterstützt sie dabei.

Fréderic und Naida setzen sich wieder hin. Plötzlich spürt Naida, wie sich neben ihr ein Schatten regt und ihre medialen Sensoren sich öffnen. Wow, geht es um einen Kontakt? Wie lange ist es schon her, dass sie einen Kontakt zur Geistigen Welt geben durfte? Naida weiss es nicht. Viele, viele Monate.

Naida lässt die Energie zu und lädt sie mit Demut und Liebe dazu ein, sich zu nähern und sich ihr zu zeigen.

Eine wunderschöne, indianische Gestalt taucht neben Fréderic auf. Naidas Gesicht erhellt sich, als sich ihr Momos Aussehen klarer zeigt und sie begreift, um wen es sich handelt.

Ihr Vater beobachtet sie und realisiert sogleich, worum es geht. Naida, ihren Vater seit Jahren der medialen Welt gegenüber als Skeptiker kennend, schaut ihn von der Seite mit gerunzelter Stirn an. Ob sie es ihm zumuten kann? Was fragt sie sich da... Die Geistige Welt weiss das besser als sie. Zögerlich beginnt sie also zu sprechen.

»Ich nehme eine Frau wahr, Papi.» Naida beschreibt Momos Äusseres, Grösse, Statur, ihren dunklen Teint, die eckigen Gesichtszüge, die schönen langen Haare zu einem Zopf geflochten. Sie beschreibt ihre Eleganz, ihre Intelligenz und ihren inneren Antrieb, die Menschen wieder mit der Natur zu verbinden. »Sie zeigt mir nun ein Ahornblatt und meint, nicht unter einem Ahornbaum, sondern unter einer Rotzeder habest du sie zum ersten Mal geküsst.»

Maya ist stolz, wie präzise ihr Schützling die Beschreibung aufbaut. Auch Fréderic staunt, gleichzeitig lacht und weint er. »Ja, das stimmt! Hast du Momo hier? Wirklich?» Er schaut sich um, als ob er sie dann auch sehen würde.

»Ja. Momo ist hier, weil sie sich verabschieden möchte. Sie ist sehr dankbar darüber, dass du in diesen Tagen ihr Mysterium auflösen konntest und die Heilung zugelassen hast.» Naida schluckt leer. »Papi, ich höre eine sanfte, cremige Stimme. Kennst du ihre Stimme so?»

Fréderic nickt ergriffen, seine Tränen laufen wieder unkontrolliert über seine Wangen. Auch Naida kann die Tränen nicht aufhalten.
Momo und Maya lächeln liebevoll. Der Raum scheint erhellt zu sein und die Zeit still zu stehen.

»Momo will sich weiter auf ihren Weg machen. Sie bedankt sich für die Zeit mit dir. Und dafür, dass du nicht mehr haderst und auch sonst niemandem aus ihrem Stamm die Schuld gegeben hattest.» Naidas Stimme wirkt je länger, desto ergriffener. »Sie bittet dich, mich meinen Weg gehen zu lassen. Es ist der Weg, den sie selber ging.» Die aussergewöhnlich starke Liebe im Raum ist für alle intensiv zu spüren und lässt das Öffnen der Herzen zu. Naida lächelt.

Maya weiss, dass Momo Naida einen liebenden, mütterlichen Impuls gesendet hat, um ihr zu zeigen, wie sehr sie auch Naida liebt. »Sie meint, ich könnte schliesslich ihre Tochter sein und es stimme sie freudig, dass ich mich für ihre Kultur interessiere. Sie bestärkt mich darin, meinen Weg zu gehen. Und dann ist da noch etwas. Ein Geheimnis.»

Naida hält inne, die Aufmerksamkeit nach Innen gerichtet und fragt in Gedanken nach, was für ein Geheimnis es sei. Aber Momo schmunzelt nur, wohl wissend, dass die Aussprache das Geheimnis aufheben würde. Deshalb erwähnt sie nur, dass Fréderic sich freuen dürfe. Und dann verschwindet Momo's Energie. Sogar Maya ist erstaunt, wie schnell sie fort ist.

Naida schaut zu ihrem Vater. »Sie ist weg, Papi.»

Er schaut sie an. »Schon? Kannst du ihr nicht noch sagen, wie sehr ich sie liebe?» Naida lacht. »Das hast du ihr jetzt gerade selbst gesagt.»

Sie stehen auf. Fréderic schaut seine Tochter stolz an und nimmt sie innig in seine Arme.
Die Energien sprechen für sich. Es sind keine Worte mehr nötig.

Maya verdichtet die Energie im Raum nochmals mit Heilung, Liebe, Vertrauen, Geborgenheit. Dann lässt auch sie die beiden alleine.

5. Die Entscheidung

Kit und Sibylle geben sich zwar Mühe, ihre Neugierde nicht allzu stark zu zeigen, aber trotzdem springen sie beide wie auf Kommando vom Sofa auf, als Fréderic und Naida die Nähzimmertüre öffnen und herauskommen.

Sibylle schaut forschend in ihre Gesichter. »Na, alles gut bei euch?» Sie glaubt dem Frieden, den sie in den Gesichtern ihrer zwei Liebsten sieht, noch nicht ganz. Zumal sich die beiden in einer Krisenstimmung zurück gezogen haben.

Naida geht zu Kit und lässt sich umarmen. Er sieht in ihren Augen das Glitzern und spürt in seinen Armen ihre Entspannung und Wärme. Er weiss sogleich, dass die Geistige Welt die »Finger» im Spiel gehabt hat. Deshalb lächelt er seine grosse Liebe zärtlich an und drückt sie noch mehr an sich. »Alles gut?» flüstert er ihr ins Ohr.

»Alles gut», flüstert sie zurück und drückt ihn nochmals innig, bevor sie ihn loslässt. Dann sagt sie, zu ihrer Mutter gewandt: »Mami, ich habe Papi nun erzählt, wie ich meine Genesung anpacken möchte.» Sibylle schaut von ihrer Tochter auf ihren Mann. Sie runzelt die Stirn. Da ist eine seltsame Energie, die sie nicht deuten kann. Der zuerst verlegene Fréderic schaut ihr endlich in die Augen. Dann nimmt auch er seine Frau in die Arme. »Meine Liebe, ich will so vieles anders machen! Und ich fange gleich bei dir an, indem ich mich aufrichtig dafür entschuldige, falls ich dich in diesen Jahren vernachlässigt behandelt oder unbewusst verletzt hätte.» Er hält ihrem Blick stand.

Sibylle lächelt gerührt, den Blick nidergeschlagen. »Mein Liebster», flüstert sie, »ich wusste dich zu nehmen, ich kannte dich ja nicht anders. Deshalb mach dir bitte kein schlechtes Gewissen. Allerdings,» und sie schaut ihn liebevoll an, »schätze ich dein jetziges Verhalten sehr, das spricht für dich. Vielen Dank!» Sie küsst ihn zärtlich.

Naida lächelt den beiden zu und Kit und sie umarmen sich auch nochmals leidenschaftlich.

Dann bittet Sibylle zu Tisch.

Die folgende Woche ist eine der schönsten in Naidas Leben. Die wenigen Tage vor Weihnachten werden ausgiebig mit Vorbereitungen, Einkäufen und Ausflügen ausgekostet. Sie geniesst es ihre drei liebsten Menschen um sich zu haben. Zwar ist ihr neuerdings täglich übel, und auch Schwindel kommt von Zeit zu Zeit hoch. Sibylle und Kit, welche Naidas Schwächen sofort bemerken, ermahnen sie besorgt im Hinblick auf ihre Krebserkrankung. Naida erschrickt darüber. Aber da sie wieder damit angefangen hat, jeden Tag mit einer

Meditation zu starten, weiss sie, dass sie am Puls ihrer Mitte lebt. Zudem hat sie erneut mit den meditativen Experimenten mit Oota Dabun begonnen. Sie macht sich deshalb keine grossen Sorgen darüber, den Bezug zu sich selbst verloren zu haben und somit wieder mit Krebs konfrontiert zu sein. Sie weiss, dass es etwas anderes sein muss. Sie weiss nur noch nicht, was.

Den unangenehmen, körperlichen Erscheinungen zollt sie deshalb insofern Achtung, indem sie diese im Moment des Aufkommens zulässt. Manchmal muss sie sich hinsetzten und bewusst Atemübungen machen. Oder sie geht nach draussen an die kalte Winterluft, und nimmt achtsam die Unendlichkeit des Himmels wahr. Diese Tricks helfen ihr sehr, sich im Moment abzuholen.

Und die Tatsache, dass sie gerade die schönste Zeit ihres Lebens mit ihren Lieblingsmenschen verbringt, lässt sie stets innerlich lächeln! All das gipfelt in den beiden Weihnachtsfesten, die sie mit ihrer Familie feiert. Eines in der Kirche am 24., das andere zu Hause am 25. Dezember. Diese ganze Weihnachtsenergie, ausgefüllt mit Geborgenheit, Helligkeit, universeller Liebe, strahlenden Gesichtern und geniessenden Menschen, aber auch ihrem Geistigen Team, ist wie Heilung pur in ihrem Innern. Und sie lässt alles zu. Wie ein

Schwamm saugt sie die Weihnachts- und Engelenergie auf und nährt jede Zelle ihres Körpers aber auch ihre Auraschichten damit.

Zwei Tage nach Weihnachten ist der Tag von Kits Abreise. Er wird alleine fliegen, Naida will noch warten. Er packt früh morgens seinen Seesack, nachdenklich in sein Tun versunken. Naida sitzt auf ihrer Bettkante und schaut ihm zu.

In den Stunden der letzten Nacht hat keiner der beiden ein Auge zugetan. Ihre Gespräche haben sich um ihre Pläne gedreht. Wann Naida ihm folgen soll und die Arbeit in der Foundation aufnehmen könne. Was sie mitnehmen solle, wo sie beiden wohnen würden. Kit hat vorgeschlagen, sich eine eigene Wohnung zu suchen. Naida soll ihm planmässig Ende Januar folgen.

Nachdem er das Ende des Leinensacks zugeschnürt hat, schaut er hoch und Naida sieht ergriffen seine Tränen. Sie hält ihm einladend ihre Hand hin und er setzt sich neben sie. »Hei, mein Liebster, bist du traurig?»

Kit nimmt Naida heftig in seine Arme. »Meine Liebste», flüstert er. »Nicht in meinen kühnsten Träumen habe ich mir vorgestellt, jemanden so fest lieben zu können wie dich.»

Er löst sich, trocknet mit seinem Ärmel die Tränen und schaut ihr in die Augen. »Du bist das Beste, was mir je passieren konnte! Wenn ich zurück denke, wie wir uns kennen gelernt haben, bin ich regelrecht dankbar dafür, dass du überfallen worden bist.» Sie beide kichern.
»Ja», sagt Naida, »ich weiss, was du meinst. Alles hat seinen Sinn, nicht wahr?» Sie lächelt ihn glücklich an.

Er nimmt zärtlich ihr Gesicht in seine Hände. Eine Geste, die sie überaus liebt und tief berührt. »Chérie, die letzten Tage hier mit dir und deiner Familie waren tief berührend. Die Liebe, die euch verbindet, und wie ihr mich aufgenommen und mich ohne Zögern integriert habt, hat vieles in mir ausgelöst. Das war das schönste Weihnachten, das ich je erlebt habe. Liebste, mit dir möchte ich eine eigene Familie gründen! Mit dir möchte ich mein Leben verbringen! Versprichst du mir, mich so rasch es geht zu heiraten, wenn du nach Montréal zurück kommst?»

Naida, einerseits völlig überrumpelt von seinem impulsiven Heiratsantrag, andererseits tief gerührt, schiessen die Tränen auf Kommando quer aus den Augen heraus. Sie lacht und weint gleichzeitig, und dann umarmt sie Kit fest.
»Whuow, Kit, du verstehst es, mir Emotionen zu entlocken! Ja! Natürlich will ich dich heiraten!» Sie schluchzt und lacht. Er mit ihr.

Obwohl er es sich nicht hat vorstellen können, dass sie »nein» sagt, ist er doch erleichtert. Er steht auf, packt sie und wirbelt sie im ganzen Zimmer herum. »Flieg heute mit mir zurück, Naida! Was spricht dagegen, dass du heute schon mit mir kommst?»
Naida versucht nach dieser Herumwirbelei lachend ihren Stand wieder zu kriegen. »Mir wäre nichts lieber als das, Kit.» Bedauernd nimmt sie seine Hände in die ihrigen und schaut ihm, nun wieder gefasst, tief in die Augen. »Es wäre nicht richtig, Kit. Mein Vater... ich... meine Mutter...» Sie stockt.
Er drückt ihre Hände. »Ich versteh schon. Ihr habt eine gewaltige Sache aufgearbeitet.»

»Ja! Und es hat eine neue Nähe geschaffen. Papi hat noch einige Tage Ferien und ich möchte diese Zeit mit ihm und Mami verbringen. Dazu kommt, dass mir mein Bauchgefühl sagt, dass es für mich noch nicht Zeit ist, zu fliegen.» Sie kommt nun ganz nah an sein Gesicht heran und flüstert: »Aber unser Zeitpunkt wird kommen. Wir haben alle Zeit der Welt! Und wenn meine Eltern wissen, dass wir drüben heiraten, werden sie mich vielleicht sogar begleiten!»

Kit zieht innerlich seinen Hut vor ihr. Er realisiert, wie sehr sie bei sich selbst ist und genau das macht, was für sie stimmt. Eine Eigenschaft, die er zwar für sich selbst in die Wiege gelegt

gekriegt hatte. Aber er weiss, dass die meisten Menschen dies nicht können.
Anstatt eine Antwort zu geben, umarmt er sie nochmals innig.
»Ich möchte mich hier von dir verabschieden, Chérie. Am Flughafen werde ich meine Mühe haben damit.»

Sanft streichelt er über ihr Gesicht, ihren Hals, über ihre Arme, ihre Brüste. Naida fühlt ihre Erregung aufkommen, legt ihren Kopf mit geschlossenen Augen leicht in den Nacken und streicht ihm mit flachen Händen und sanftem Druck über seine Brust. Kit küsst ihren Hals, und mit seinen starken Händen stützt er ihre Schultblätter, während er sie langsam aufs Bett sinken lässt.

Als Fréderic, Sibylle und Naida am Abend vom Flughafen zurück kommen, hat Naida wieder eine Schwindelattacke. Kit und Naida haben den Eltern am Flughafen feierlich ihre Verlobung bekannt gegeben und Fréderic hat sie alle mit väterlichem Stolz zu einem Glas Sekt eingeladen. Deshalb meint er jetzt schmunzelnd, Naida könnte ein wenig beschwipst sein. Naida aber weiss, dass es das nicht ist. Schliesslich sind sie noch essen gegangen und der Alkohol hätte sich vorher gemeldet.

Sibylle begleitet ihre Tochter fürsorglich in deren Zimmer, lässt sie sich hinlegen und holt ihr ein Glas Wasser. Als sie sich neben Naida auf die Bettkante setzt und ihr prüfend in die Augen schaut, meint sie: »Es ist nicht nur Kits Weggehen oder deine Krankheit, nicht wahr? Bist du schwanger?»

Naida blickt erschrocken hoch. Schwanger? Daran hatte sie noch keine Sekunde gedacht. Sie und Kit haben immer verhütet! Naida rechnet zurück. Das einzige Mal, das in Frage kommt, war das erste Mal. Damals in seinem Zimmer in Montréal, weil Kit aus dem Kondom heraus geflutscht ist. Das ist knapp 2 Monate her. Sie schaut ihre Mutter mit grossen Augen an. »Puh, mein Gott. Ich weiss nicht. Ich glaube eher nicht.» Sie hätte das doch gemerkt!
»Wann hattest du zum letzten Mal deine Tage?» fragt Sibylle gelassen.

Erschrocken kommt Naida in den Sinn, dass sie ihre Blutungen tatsächlich lange nicht mehr gehabt hat. Aber mit einer erleichternden Handbewegung tut sie diesen Gedanken ab. »Die Blutung habe ich seit der Chemo nicht mehr gehabt, das ist kein Hinweis auf eine Schwangerschaft. Mein Arzt in Montréal hat mich sogar darauf hingewiesen, dass das passieren kann.»

Sibylle steht auf. »Es gibt einen einfachen Weg, dies herauszufinden! Warte, ich komme gleich zurück.»

Als Naidas Mutter zurückkommt, wedelt sie mit einem Schwangerschaftstest vor ihrem Gesicht hin und her. »Hier, wir werden es bald wissen. Am Flughafen hatte ich so eine Ahnung und bin den hier kaufen gegangen.» Sie gibt Naida den Test.

Naida staunt. »Denkst du wirklich, ich könnte schwanger sein?» Kopfschüttelnd will sie es jetzt aber auch wissen. Sie trinkt den letzten Schluck Wasser aus und geht ins Bad.

Als Sibylle nach vielen Minuten geduldigen Wartens noch immer keine Regung aus dem Badezimmer vernimmt, steht sie auf und klopft sanft an die Tür. »Naida, Kind, darf ich reinkommen?»

Da keine Antwort kommt, drückt sie langsam die Türfalle herunter und tritt ein. Vor ihr sitzt Naida, völlig erstarrt auf den Teststreifen blickend. Sibylle legt beruhigend ihre Hand auf die Schulterblätter ihrer Tocher, und wirft einen Blick auf den Test.

Er ist positiv.

Ungefähr zu dieser Zeit kommt Kit in Montréal an. Durch die Zeitverschiebung sind die sechs Stunden, die er im Flugzeug verbrachte, neu gewonnen. Theoretisch hätte er am frühen Nachmittag ankommen sollen. Allerdings hat diese Tage ein Wintersturm über Kanada und anderen Bereichen von Nordamerika gewütet. Kit war dankbar, dass sein Flieger überhaupt landen konnte. Die Durchsage des Piloten bestätigte seine News, die er noch am Flughafen Zürich auf seinem Handy hatte: Einige Flüge wurden gestrichen. Dieser Flug hier jedoch ist aktiv und trifft mit massiver Verspätung ein. Nach der Landung werden die Passagiere mit viel Aufwand durch den fast halbmeter tiefen Neuschnee vom Flugzeug in den Flughafen transportiert.

Seine Mutter hatte ihn abholen wollen. Aber er hat sie gebeten, zu Hause auf ihn zu warten. Es macht Sinn, die Menschen in diesem Unwetter nur für das Nötigste auf die Strasse zu schicken. Er will den Bus nehmen, welcher gemäss den Anzeigetafeln verspätet in die Innenstadt fährt. Er kann also in Ruhe noch etwas essen gehen.

Auf dem Flughafen herrscht beinahe Ausnahmestimmung: Das ansonsten helle Gebäude wirkt durch den wolkenverhangenen Himmel dunkel und der nervöse Betrieb der Menschenmenge wie in einer Katastrophen-Szene aus dem Kino.

Als Kit mit sattem Bauch aus der Haupttüre tritt, weht ihm ein scharfer und beissend kalter Wind entgegen. Er schlägt seinen Kragen hoch, bindet seinen schicken Schal enger und zieht den Hals ein, während er sicheren Schrittes über die schneebedeckten Strassen hinweg in Richtung Busbahnhof marschiert.
In Gedanken hängt er wieder Naida nach, ihrer Energie, ihrem Duft, ihrer Weichheit. Aber er tröstet sich immer wieder neu mit der Vorfreude, dass er sich an die Hochzeitsvorbereitungen machen kann. Was wird wohl seine Mutter dazu sagen? Er freut sich jetzt schon auf ihr Gesicht.

Sein Handy klingelt, und er schält seine rechte Hand aus dem Ärmel, um in seiner Hosentasche nach dem Gerät zu fischen. Auf dem Display sieht er »Naida» aufblinken und lächelnd nimmt er den Anruf an. Einen Augenblick lang achtet er nicht auf die Strasse und sieht deshalb den Wagen nicht, der wegen einem kleinen Kind, das einige Meter zwischen Auto und ihm auf die Strasse hüpfen wollte, mit leicht überhöhter Geschwindigkeit eine Vollbremsung einleitet. Die Mutter des Kindes schnappt ihren Jungen im letzten Moment und rettet ihn vor dem Auto. Aber der Wagen ist schon den Folgen der Vollbremsung ausgeliefert und schlittert auf der frischen Schneedecke ungebremst auf Kit zu.

In dem Augenblick, als Kit Naida freudig begrüsst und seinen Blick hebt, sieht er, wie ihn der Wagen rammt. Das Handy fliegt hoch in die Luft, den Seesack schleudert es auf die Seite. Andere Fussgänger hechten kreischend aus dem Weg. Der Wagen kommt zum Stehen.

Der Fahrer bleibt einen Augenblick erstarrt hinter dem Steuerrad sitzen. Menschen kommen hinzu, einige gehen zu Kit hin und sprechen ihn an. Ein Riesendurcheinander bricht aus, und als die Flughafenpolizei zur Stelle ist, sichert sie den Platz und die Strasse ab und alarmiert den Rettungswagen. Kits Handy versinkt irgendwo im Schnee, wo Naidas aufgeregte Stimme ohne Erfolg nach Kit ruft.

Kit liegt bewusstlos unter dem Auto. Die heraneilenden Rettungssanitäter bemerken seinen Atemstillstand und reanimieren ihn minutenlang. Von den Menschenmengen rundherum werden Aussagen aufgenommen, und die Polizei macht Fotos, um den Unfalltatbestand später sauber rapportieren zu können. Der Rettungsarzt trifft ein und löst die reanimierenden Sanitäter ab.

Kit sieht allem von oben herab zu. Er fühlt sich sehr ruhig und gelassen. Schade ist nur, dass er das Handy nicht mehr findet, um Naida zu beruhigen und sich zu verabschieden. Neben ihm

steht Baracha und lächelt ihm zu.
»Bist du soweit?« Kit nickt.

Langsam drehen die beiden sich um und schauen in Richtung des wolkenbehangenen Himmels. Die dicken Schneeflocken fallen leise auf die Unfallszene herunter. Seltsam ist nur, dass Kit auf seinem Gesicht nichts spürt.

Ein wenig weiter hinten am Himmel erscheint ein Licht, das immer grösser wird. Es hat einen unerklärlichen, liebevollen und warmen Sog. Lächelnd macht Kit einige Schritte auf dieses Licht zu, die Unfallszene und seinen Körper hinter sich lassend.

6. Nichts ist, wie es aussieht

Sibylle und Oota Dabun stehen im Türrahmen zu Kits Zimmer und beobachten besorgt, wie Naida am Fenster sitzend nach draussen schaut. Mit leerem Blick. Unansprechbar.

Sibylle seufzt leise auf. »Ich habe den ganzen Tag schon versucht mit ihr zu reden. Sie scheint nicht einmal zu realisieren, dass ich wieder da bin!«

Oota nickt, legt ihrer neuen Freundin die Hand auf die Schultern und schiebt sie sanft in die Stube zurück. »Ja. Das geht nun seit Wochen so. Ich glaube, wir können nichts tun. Ausser ihr Zeit zu geben.«

Die beiden Frauen setzen sich an den Tisch im gemütlichen Wohnzimmer. Es ist still. Aber die zwei halten das aus.

Inzwischen sind drei Monate vergangen; es ist Ende März 2013. Montréal liegt metertief im Schnee.

Sibylles Gedanken schweifen zurück zum Unglückstag. »Es ist einfach nicht fassbar, Oota. Und wenn ich das alles kaum verarbeiten kann, wie machst du es bloss?«

Oota nimmt Sibylles mitfühlenden Blick entgegen. »Ich spüre meinen Sohn trotzdem, Sibylle. Oder jetzt mehr denn je. Obwohl ich seltsamerweise seinen Unfall nicht geahnt hatte, lege ich meinen Frieden darauf. Was soll ich mich aufregen? Ich kann daran nichts mehr ändern! Das einzige, was ich jetzt tun kann, ist; mich auf seine Liebe und ihr ungeborenes Kind zu konzentrieren. Und auf unsere Foundation. Sein grosses Projekt.«

Sibylle nickt. Ja. Deshalb ist auch sie wieder hier. Gleich nach Kits Unfall ist sie gemeinsam mit Naida nach Montréal geflogen. Sie mussten leider noch einige Tage Geduld haben, weil aufgrund der Schneemassen die Flughäfen geschlossen worden sind. Das war besonders hart für Naida. Nachdem sie aushalten musste, dass Kit ihren Anruf noch entgegen genommen, dann aber nicht mehr geantwortet hatte, begann die grosse Krise. Mit Panik in der Stimme rief Naida ihre Mutter hinzu und sie schalteten den Anruf auf Lautsprecher. Es waren Geräusche von knirschendem Schnee und einem lauten Knall, kreischenden Menschen und danach Sirenen zu hören. Nur Kit meldete sich nicht mehr. Naida brach in Panik aus, das Naheliegenste ahnend.

Erst im Nachhinein erfuhren sie, dass er genau in dem Augenblick, als er den Anruf entgegen genommen hatte, angefahren worden ist. Es war Oota, die Stunden später anrief und Naida fassungslos erklärte, dass ihr Sohn gestorben sei.

Sibylle vergisst nie, wie ihre Tochter laut aufschrie, den Telefonhörer fallen liess und wie ein zu Tode gequältes Tier »Nein..... nicht Kit. Nein!« schrie und schluchzte. Naida hielt währenddem ihren Bauch und wiegte sich hin und her, wie wenn sie instinktiv ihr Kind vor dem Kummer schützen wollte.

Danach folgten die unerträglichen Tage des Wartens, bis sie einen Flug nach Kanada nehmen konnten. Naida verstummte schon damals.
Seither hat sie kaum ein Wort gesprochen. Ihr Blick geht ins Leere. Sie ist nicht in der Lage, etwas zu erledigen oder ein Gespräch zu führen. Ihre täglichen Aufgaben; wie sich duschen, etwas anziehen und etwas essen, erledigt sie wie ein Roboter, nur um sich danach wieder auf den Stuhl beim Fenster zu setzen. Ihre Schwangerschaft ist inzwischen im 5. Monat und schon gut sichtbar.

»Weisst Du«, meint Sibylle leise, »es beruhigt mich zu sehen, dass sie sich pflegt und ihren Bauch immer wieder sanft streichelt.«

»Ja, ich weiss, was du meinst. Sie hat einen gewissen Kontakt

zu sich und auch zu ihrem Kind. Das beruhigt auch mich, du hast Recht.«
Die beiden schweigen erneut.

»Und trotzdem, Sibylle. Wir müssen etwas unternehmen. Das ist der Grund, weshalb ich dich hergebeten habe. Nachdem du Mitte Januar wieder heimgeflogen bist, hat sich leider gar nichts an Naidas Verhalten verändert. Ich hatte insgeheim gehofft, dass sie durch eure Trennung wieder etwas tun möchte. Zum Beispiel einige Arbeiten für die Foundation erledigen. Aber dem war leider nicht so. Es würde sie ablenken! Und wir wären auch sehr froh darum.

Inzwischen sind viele Menschen aus der Meditationsgruppe, die Kollegen von der Foundation, die Naida schon kannte, ja sogar Dominique und ihr Freund Tom mehrmals zu Besuch gewesen. Tom hat die Vernissage mit seinen Skulpturen erfolgreich durchgeführt. Aber nicht einmal die Einladung zu diesem Anlass hat in Naida etwas gerührt. Akemi hat ihr schon unzählige Emails geschrieben. Aber Naida bewegt sich nicht. Ich sehe, wie sie die Emails downloadet. Aber sie schreibt nichts. Sibylle. Inzwischen sind es drei Monate!«

»Ja.« Sibylle senkt beschämt den Blick. Sie weiss sich auch nicht mehr zu helfen. »Mein Mann Fréderic sollte auch hier sein. Es tut mir leid und ich schäme mich für ihn, ist er es nicht.«

»Ja, wieso eigentlich nicht? Naida hat mir vor Weihnachten per Email darüber berichtet, dass er sein Trauma bezüglich seiner ersten Ehe hier in Kanada hat auflösen können. Kann es sein, dass er doch noch Widerstände hat?« Oota zieht ihre Augenbrauen in die Höhe. »Entschuldige meine offenen Worte. Es ist mir klar, dass es für dich, als seine zweite Frau, auch kein Leichtes sein muss, darüber zu sprechen.«

Sibylle drückt sanft Oota's Hände. »Du bist sehr einfühlsam, danke. Für mich ist dies alles in Frieden aufgelöst worden, als Naida, Fréderic und ich damals endlich offen miteinander reden konnten. Du hättest dabei sein sollen, Oota. Naida hat es hervorragend gemacht! Du als ihre Lehrerin wärst wie ich sehr stolz auf sie gewesen. Liebevoll hat sie sich von ihrem Geistigen Team führen lassen, ihren inspirierten Impulsen nachgegeben und ihrem Vater tapfer geholfen, den Kern der Sache aufzulösen. Ich glaube, es war ihr damals gar nicht bewusst, was sie da machte. Für mich ist es klar, dass diese Art von Umgang mit Menschen ihre Berufung ist.« Sibylles Augen leuchten.

Auch Oota beginnt zu strahlen. »Ja, so ist es bestimmt! Naida hatte mir im Herbst von einem Erlebnis mit ihrem Schutzengel erzählt, als sie von ihrer Berufung erfahren hatte. Es ging genau um solche Dinge. Und ich kann selber bestätigen, wie wunderbar Heilenergie durch sie wirken kann. Die intensive Zeit, die wir letztes Jahr miteinander verbrachten, hat auf jeden Fall einige Weichen in ihr gestellt.« Oota's Stimme versiegt. »Aber jetzt. Jetzt weiss auch ich mir kaum mehr zu helfen. Ich hatte immer, egal was mir passiert ist, Lösungen gesehen und diese auch umgesetzt. Aber in diesem Fall geht es nicht! Was können wir bloss für sie tun? Und für ihr Kind?«

Sibylle umarmt Oota spontan. »Meine Freundin, sei nicht zu streng mit dir selbst! Auch du hast Kit verloren. Er war deine Familie. Er musste viel zu früh gehen. Es erscheint mir nichts als normal, dass auch du jetzt nicht in Höchstform bist.«

Maya, Naidas Schutzengel, schaut den beiden vom anderen Ende des Raumes zu. Ein Teil von ihr ist bei der in sich zusammen gefallenen Naida. Der andere hier. »Wie lange es noch dauern mag, bis die beiden Frauen merken, dass sie sich zusammen tun können?« fragt sie sich.

Soraya erscheint hinter ihr. »Maya. Komm. Baracha ist hier. Es ist Zeit für ein Gespräch.«
»Na, endlich!« denkt Maya und verlässt den Raum. Obwohl Zeit für die Geistige Welt kein Begriff ist, hat sie als

Schutzengel und Geistführerin, wenn sie ihren Schützling Naida derart eng begleitet, sehr wohl ein Gefühl dafür gekriegt, dass etwas »lange dauert«. Drei Monate! Zu Beginn hat sie verstanden, wie wichtig es ist, Naida und allen die Zeit zu geben, um diese unfassbare Nachricht zu verdauen. Aber inzwischen sind aus Wochen Monate geworden. Und Naida scheint nicht aus ihrer Resignation heraus zu kommen.

Deshalb wartete Maya schon lange ganz ungeduldig auf das Gespräch mit Baracha. »Er ist schliesslich Kit's Geistführer! Und er hatte mir damals versprochen, mit mir eng zusammen zu arbeiten.« Aus noch unerklärlichen Gründen gab es bis jetzt noch nicht den richtigen Zeitpunkt.

Naida schaut in Kits Zimmer den Schneeflocken zu. Und die grossen, starken Bäume, die die Strasse im Quartier säumen, wirken beruhigend. Sie kann nicht aufhören da hin zu schauen. Es ist jedesmal, als ob es das erste Mal wäre. Immer wieder entdeckt sie neue Details in diesem Bild, das sich zeigt, wenn sie aus Kits Fenster schaut. Und der Schnee... ja, er wirkt beruhigend auf sie. Auf ihren Geist. Auf ihre Seele... sie hatte laut geschrieen, ihre Seele. Damals, als Oota anrief und ihr erklärte, dass Kit noch am Unfallort gestorben sei. Es war

Naida, als ob ihre Seele stundenlang geschrien hätte. Und nun ist sie in Watte gepackt. Naida hat keine Ahnung, wie lange schon. Sie hat das Gefühl für die Tage und Wochen verloren. Aber es ist ihr egal, um ehrlich zu sein. Sie schaut auf die Schneeflocken und zieht wie ein trockener Schwamm auf, was sie zu geben haben. Mit ihrer gemächlichen Art, wie sie immer und immer wieder vom Himmel fallen. Prall, leicht. Sanft hin- und her schwebend. Irgendwann kommen sie unten an und sie beginnen wieder von vorne. Von oben. Ob es immer dieselben Schneeflocken sind? Irgendwann schmelzen sie auf der Strasse. Kommen dann dieselben wieder von oben, und machen nochmals denselben Tanz nach unten? Ob sie dort oben Kit antreffen? Vielleicht ist er es, der die Flocken sendet?

Immer und immer wieder versucht sie Kit medial wahrzunehmen. Es klappt nicht. Er ist nicht da! Also kann es nicht sein, dass er tot ist. Sie hatte die Verstorbenen bisher immer gleich nach deren Übergang wahrgenommen gehabt. Naida starrt nun wieder auf die grossen, starken Bäume. Deren Wurzeln sind riesig und münden offensichtlich tief. Man hat die Gehwege um die Wurzeln herum gebaut, um den starken, natürlichen Freunden genug Freiheit zu geben. »Sie sind wichtig, die Bäume. Sie spenden uns Schatten und Schutz«, denkt Naida. Aber sie geniesst vor allem die beruhigenden Gefühle, die sie kriegt. Sie muss die Bäume nur lange genug anschauen. Sie stehen da. Sie sind da. Nicht wegzukriegen. Wenn Naida schlafen geht, sind sie immer noch da. Morgens, wenn sie aufsteht, auch. Sie fliegen nicht über Kontinente, sie werden nicht bei Verkehrsunfällen überfahren und sterben. Die Bäume sind immer da.

Naida weiss, dass ihre Familie und ihre Freunde sich Sorgen machen. Sie redet mit ihnen, aber nur das Nötigste. Mehr geht nicht. Sie kann ihnen nicht in die Augen schauen. Jedesmal, wenn Oota in ihre Nähe kommt, muss sich Naida besonders beherrschen. Oota ist für sie der Inbegriff von Kits Energie. Kit war die Verbindung zu Oota. Dank Kit durfte sie ihre indianische Mentorin kennen lernen. Naida hat Angst, all das jetzt zu verlieren. Jetzt, wo Kit nicht mehr da ist.

Ja, wo ist Kit? Er ist nicht da. Weder hier noch in der Geistigen Welt. »Wo ist er? Warum macht er das? Warum sucht er nicht ihre Nähe? Sie haben sich doch geliebt?«

Seit neuestem beginnt Naida auch daran zu zweifeln. War es wirklich Liebe? Wäre nicht die glasklare Erinnerung an die wunderschönen Festtage in der Schweiz und den Heiratsantrag... Naida hätte noch mehr gezweifelt. Aber Kit hat ihr seine Liebe gestanden, wollte sie zur Frau, obwohl er noch nichts vom Kind gewusst hatte! Er muss sie geliebt

haben. Aber warum meldet er sich jetzt nicht?
Naidas Gedanken drehen immer wieder im Kreis. Endlos. Manchmal macht der Kreis eine Schlaufe zu neuen Gedanken, die für die nächsten Kreise mit dabei sind. Sie nimmt ihre elementaren Bedürfnisse, wie zu essen, sich zu duschen und sich anzukleiden, ganz klar wahr und führt sie automatisch aus. Währenddessen kreisen die Gedanken weiter. Sie lechzt danach, sich wieder ans Fenster zu setzen. Und dort wird sie ruhiger. Der Baum ist da. Und die Schneeflocken auch noch eine Weile.

Mami? Ja. Sie ist wieder gekommen. Schön.

Naida weiss, dass sie alle versuchen, zu ihr durchzudringen. Aber sie empfindet nichts dabei. Es ist ihr egal. Hauptsache, der Baum bleibt.

Auch ihr Vater ist wieder weg. Naida hat ihn seit Ende Dezember nicht mehr gesehen. Ihre Mutter hat zwar stets Grüsse und Umarmungen ausgerichtet. Aber sie spürt, dass auch er weg ist. Es fühlt sich für sie an, wie eine Flucht. Weg von ihr.

»Ist auch Kit geflüchtet? Vielleicht ist das die Antwort, dass er weder hier noch dort sich meldet? Vielleicht täuschen sich alle

und reden sich nur ein, dass er tot ist?«
Naidas Verstand mischt sich hier jeweils ein. Er erzählt ihr, dass Kits Leichnam beerdigt worden ist. Dass seine Mutter ihn gesehen und die letzten Rituale mit ihm gemacht hat.

Naidas Hände streicheln liebevoll über ihren immer grösser werdenden Bauch. Ihr Blick senkt sich und begutachtet von oben ihre Wölbung. Wer ihr jetzt in die Augen schauen könnte, würde das Glitzern darin sehen. »Das Kind. Mein Kind. Unser Kind«, denkt sie. »Kit, ich konnte es dir nicht mal mehr erzählen! Hier wächst unser Kind. Komm her und erlebe dieses Wunder mit mir, Kit! Komm her!«

Das Berühren und Streicheln, das bewusste Sein mit ihrem Nachwuchs beruhigt sie, mittet sie ein. Frieden kommt auf.

Leise öffnet sich die Tür. Naida will nicht hinschauen. Schon wieder Besuch! Es ist kaum erträglich für sie.

Dominique schleicht herein. »Hei Liebes. Ich habe dir hier unseren Kaffee mitgebracht. Darf ich mich ein bisschen zu dir setzen?« Dominiques liebevolle, freundschaftliche und doch mütterliche Stimme kommt an. Naida hebt den Kopf und streckt ihr die linke Hand entgegen um sie an ihre Seite einzuladen.

Eine Weile sitzen sie da. Dominique schaut wie Naida nach draussen; sie versucht, deren Welt zu entdecken. »Siehst du den Baum, den ersten von dieser Reihe?« Naidas Stimme ist ganz leise. Dominique hat nicht damit gerechnet, dass sie spricht und zuckt zuerst ein wenig zusammen. Gleichzeitig beginnt ihre Freude zu überschäumen. Eifrig lehnt sie sich ein wenig nach vorne, als ob sie den Baum näher anschauen möchte. Naida weicht zurück. Dominique spürt, dass sie ihre Energie drosseln muss. Trotzdem lächelnd über diesen Erfolg, atmet sie tief ein und aus. »Ja, ich sehen ihn. Er ist wunderschön.« Sie hofft, dass Naida ihr noch mehr sagt. Aber diese schweigt wieder.

Gemeinsam trinken sie den Kaffee. Naida ist zufrieden. Ihre Freundin sieht den Baum auch. Er ist da.

7. Die drei Mütter

»Baracha, du bist endlich da.« Ungeduldig heisst sie ihn willkommen. Er lächelt still und reicht ihr seine liebevolle, ruhige Energie zur Begrüssung. Soraya hält sich im Hintergrund zurück. »Was ist los? Wo ist Kit? Warum gehts mit Naida nicht weiter? Warum darf ich dich erst jetzt sprechen?« Mayas Fragen kullern nur so aus ihr heraus.

Baracha hüstelt, bevor er spricht. »Geschätzte Kollegin. Es ist nicht immer alles, wie es aussieht, aber das weisst du ja.« Er macht eine Spannungspause, sie aufmerksam anschauend. Maya staunt. Ihr erster Impuls ist zu widersprechen und zu erklären, was sie will. Dann spürt sie, dass es besser wäre zu schweigen und zu lernen. Sie senkt den Blick. »Es tut mir leid, Baracha. Ich bin noch impulsiv, noch unerfahren. Bitte erklärt mir, was ich wissen muss.«

Baracha nähert sich mit seiner Energie. »Sei nicht zu hart mit dir. Du bist am Lernen. Als Schutzengel in Ausbildung gehören solche Erfahrungen mit dazu. Es ehrt dich, dass du dich zurück nimmst. Deshalb werde ich gerne auf deine Fragen eingehen.«
»Wo ist Kit?« Flutscht ihr sofort heraus. »Da er weder bei Naida und mir, noch bei seiner Mutter ist, dachte ich, ich

würde ihn hier mit dir treffen.«

»Kit ist in Sicherheit. Er ist noch nicht soweit, sich seinen Lieben zu stellen. Versuche, dich in seine Situation hineinzuversetzen! Er hatte einen Unfall. Einen Unfall, der dermassen schnell seinen Übergang einforderte, dass er zu Lebzeiten nicht einmal realisieren durfte, was abgeht. Als er gemeinsam mit mir ging, war er immer noch in seiner himmelhoch jauchzenden Verliebt-Sein-Energie. Er hatte Naidas Anruf gesehen, nahm ihn entgegen und schon flog ihm das Handy aus der Hand. Eine Sekunde später war es vorbei. Alles war vorbei. Weisst Du, was ich meine?«

Maya gibt sich Mühe, dem Rat ihres Mentors zu folgen und versetzt sich in Kits Lage. »Willst du damit sagen, dass er noch nicht weiss, dass er gestorben ist?« fragt sie ungläubig.

»Das will ich antönen. Inzwischen weiss er es. Ich habe ihn an einen sicheren, sehr heilsamen Ort gebracht. Viele Menschen brauchen nach ihrem Übegang diesen Ort und seine Energie. Aber die Heilung ist ein individueller Prozess. Auch hier in der Geistigen Welt. Nicht nur die Menschen, auch wir Geistigen Arbeiter sind individuell und jeder macht seine persönlichen Entwicklungen durch. Dazu gehört in irgendeiner Form stets die Heilung.«

Maya hört aufmerksam zu. Jedes seiner Worte ist an sich nichts

Neues für sie. Aber die tiefe Bedeutung dahinter war ihr nicht mehr präsent. Sie versteht und wird ruhiger. Nach einer Weile hebt sie den Kopf. »Das ist auch der Grund, weshalb bei Naida noch nichts vorwärts geht, nicht wahr? Sie macht etwas Ähnliches durch, wie Kit. Einfach an einem anderen Ort. Beide brauchen Zeit. Jeder für sich. Und deshalb komme ich auch nicht an Naida heran. Ist es so?«

Baracha nickt. »Ja. So ist es. Du machst deine Sache sehr gut. Denn du bist DA. Bei ihr. Sie spürt dich, wenn auch nicht immer bewusst. Du trägst massgebend zu ihrem Heilungsprozess bei. Auf einmal macht sie auf. Und du wirst immer noch da sein. Und nur das zählt.«

Eine Weile ist Stille. Maya lässt die Botschaft wirken. Noch etwas kommt ihr in den Sinn, aber bevor sie reden kann, ergreift er wieder das Wort.

»Ja. Es ist jetzt besonders wichtig, dass auch du nicht mehr darüber weisst, worum es im Detail geht. Denn nur so hast du die beste Voraussetzung zu üben, bei dir und deiner Aufgabe zu bleiben. Du würdest ansonsten nur in Versuchung kommen, Naida andere Möglichkeiten aufzugleisen. Aber in dieser Geschichte ist DEIN persönlicher, grosser Teil, dich als lernender Schutzengel darin zu üben, den Dingen ihren Lauf zu lassen. Wenn du dich hier gut meisterst, werden wir dir später mehr Wissen freigeben können.«

Maya ist nur einen Augenblick lang erstaunt darüber, dass Baracha weiss, was sie fragen wollte. Zerknirscht schaut sie auf den Boden des energetisch abgesicherten Raumes im Überall. Einige würden es als eine Wolke bezeichnen. Ein ruhiger Ort, an welchen sie sich für das wichtige Gespräch zurückgezogen haben. Aber Maya versteht. Voller Demut und Dankbarkeit öffnet sie ihre Herzgegend und signalisiert so den beiden Geistführern, dass sie annimmt und übergibt.

Bevor Baracha geht, sagt er noch mit Nachhaltigkeit: »Alles hat seinen Sinn, meine Liebe. Vertraue! Und gib die Energie dieser Botschaft gerade jetzt deinem Schützling weiter!«

Maya hat die Nachricht kaum geschluckt, erscheint Baracha nochmals vor ihr. Mit liebevollem Blick schaut er zu ihr hinunter. Seine Energie berührt sie sanft. »Ach ja. Was unsere Zusammenarbeit betrifft: Sie hat schon begonnen. Sei bereit. Sei achtsam. Der Moment, in dem wir zwei bei der Zusammenführung von Kit und Naida helfen können, wird kommen.«

Maya nickt; sprachlos. Seine Energie verschwindet sanft.

In der Stube kommt Dominique zu den beiden Frauen hinzu. Sibylle ist erfreut über den spontanen Besuch von Naidas früherer »Madame«. Sie weiss, wieviel Naida von Dominique hält. Dominique erzählt von dem kleinen Erfolg vorhin, dass Naida ihr den Baum gezeigt hat. Die Frauen sind erleichtert. Ein Fortschritt, wenn auch nur ein kleiner!

Sibylle schmunzelt und meint: »Schaut uns drei mal an. Eigentlich vereinen wir drei Formen von Mütterlichkeit für Naida, findet ihr nicht auch? Du Oota, als ihre Schwiegermutter und Grossmutter ihres Kindes. Aber auch du, Dominique, hast ihr mütterliche Qualitäten geschenkt. Du warst damals bei ihren Spitalgängen bei ihr. Ich werde es nie vergessen, dass du meine Aufgaben übernommen hattest und für sie da warst.« Sie schaut ihr dankbar in die Augen.

Dominique nimmt ergriffen die Hände der beiden Frauen. »Danke, ihr zwei. Das ist ein sehr schöner Gedanke, Sibylle. Wir drei Mütter sind an einem Tisch. Danke, dass ich dabei sein darf!«

Oota schmunzelt. Und hält inne. »Moment. Das ist es! Wir drei »Mütter« müssten doch etwas kreieren können, das ihr hilft!« Sie scharrt mit den Füssen unter dem Tisch. Die Aufregung, die Oota nun überkommt, ist derjenigen ähnlich, die sie früher bei scheinbar unlösbaren Problemen hatte. Auf einmal erhält sie Impulse und Ideen für Rituale oder Heilmischungen.

»Ich kriege den Zugang wieder, ich spür's!« Aufgeregt drückt sie die Hände ihrer Freundinnen zusammen, ein wenig fester als vorher Dominique. Die beiden Anderen kreischen leicht auf, aber die optimistische Stimmung steckt an. »Wovon sprichst du? Hast du eine Idee?« fragt Sibylle hoffnungsvoll.

Oota sinkt wieder in sich zusammen. »Nein. Leider nein. Aber der Schlüssel sind wir drei, das ist mir nun klar.«

Einen Moment lang sitzen die drei schweigend am Tisch. Auf einmal erhellt sich Dominiques Gesicht. »Ladies, jetzt weiss ich die Lösung.«

Triumphierend schaut sie die anderen Frauen an. »Was ist es? Sprich doch endlich«, lacht Oota.

»Es ist Maurice!« Dominique kann sich kaum mehr auf dem Stuhl halten vor Aufregung. »Dass mir das nicht schon lange in den Sinn gekommen ist?! Maurice ist die Lösung!«

Sibylle und Oota schauen sich verdutzt an. Maurice?
»Wer ist Maurice?« fragt Sibylle erstaunt.

»Das ist der Anwalt, den Naida für Kit vermittelt hat«, erklärt Oota, immer noch mit verdutztem Gesicht. »Warum soll DER helfen können?«

Dominique sinkt auf den Stuhl zurück. Damit hat sie nicht gerechnet. Sie hat in ihrem Überschwang einmal mehr geredet, ohne vorher zu darüber nachzudenken. »Bitte entschuldigt. Das war nicht sehr feinfühlig von mir. Ich hätte daran denken sollen.«

Sibylle klopft ungeduldig auf den Tisch. »Woran denken sollen? Würde mich mal jemand aufklären? Wer ist Maurice?«

Oota schaut Dominique eindringlich an. Dann atmet sie scharf ein und aus. »Die beiden hatten etwas zusammen, nicht wahr? Es war damals schon zu spüren, dass zwischen den beiden etwas in der Luft liegt.« Dominique nickt. Leise spricht sie weiter. »Es tut mir leid, Sibylle. Ich hätte mir denken können, dass sie dir nichts von ihm erzählt hat. Die Geschichte der beiden ist sehr speziell.«

Zu Oota gewannt erzählt sie weiter: »Eigentlich war nie etwas »Offizielles« zwischen ihnen. Ich erzähle euch die Details sogleich. Zuerst aber brauche ich einen frischen Kaffee.« Sie steht entschlossen auf und deutet Oota an, sie solle sitzen bleiben. Inzwischen kennt sie sich in der fremden Küche aus. Als Dominique zurück ins Wohnzimmer kommt, hat Oota Sibylle schon erzählt, wie sie Maurice kennt und warum. Dominique setzt sich und fährt nach einem grossen Schluck Kaffee weiter. »Sie hatten sich vor einem Jahr bei ihrer Einreise am Flughafen kennengelernt. Er hat sie in seinem Auto zu mir gebracht und sie für ein romantisches Dinner eingeladen.« Die beiden Anderen lauschen geduldig.

»Naida hatte sich verliebt, zögerte jedoch stark. Aus verschiedenen Gründen, auch wegen dem Altersunterschied. Danach musste Maurice für einige Wochen beruflich nach Asien. Irgendwie hatten die beiden sich wegen einem Email-Missverständnis aus den Augen verloren. Naida hatte nach ein paar Wochen Kit kennen gelernt, und wie es weiterging, wisst ihr ja.«

Oota staunt. »Ja, aber dieser Maurice ist irgendwann zurückgekommen. Hatte er nicht um Naida gekämpft?« Sibylle nickt, auch ihr liegt diese Frage auf der Zunge.

»Ja und nein. Er hatte sich gemeldet. Und für Naida begann eine sehr schwierige Zeit, weil es sie sehr aufwühlte, plötzlich zwischen zwei Männern zu stehen. Es war ein wichtiger Prozess für sie. Er machte ihr einiges klar. Zudem nahm sie dabei Maya endlich wieder wahr, welche ihr neben der Klarheit für eine Entscheidung zwischen den beiden Männern auch den

Zugang zu ihrer Berufung öffnete.« Dominique seufzt. »Sie entschied sich für Kit! Und erzählte ihm alles über Maurice. Und von Maurice hatte sie sich persönlich verabschiedet. Er muss sehr weise mit der Nachricht umgegangen sein.«
Die Drei schweigen und lassen die Botschaft wirken.

Sibylle spricht wieder als Erste. »Oh mein Gott. Ich wusste von alldem nichts. Ich war doch zu wenig für sie da.« Sie schluckt schwer. Dominique nimmt ihre Hände und drückt sie zärtlich. »Meine Liebe, dafür war ich ja bei ihr. Es ist schon in Ordnung!« Sie beide blicken sich offen und frei an. Sibylle drückt die Hände zurück und bedankt sich mit Tränen in den Augen.

Nach weiteren, scheinbar unendlichen Sekunden des Schweigens, spricht Sibylle. »Aber, wenn wir nun Maurice dazu holen, könnte das vielleicht ein Desaster auslösen?« Sie schaut zu Oota. »Wäre es nicht auch dir und deiner Familie gegenüber respektlos?«

Oota schaut ihr tief in die Augen. Einen Moment lang sagt niemand etwas. Dann schüttelt sie sanft den Kopf. »Keine Ahnung. Ich persönlich könnte damit umgehen, glaube ich. Das Ziel dieser Aktion wäre ja, Naida wieder ins Leben zu bringen, nicht wahr? Natürlich wäre das Risiko sehr gross, dass

sie dann unser Leben verlassen will. Weil alles an Kit erinnert und sie vielleicht alles hinter sich lassen möchte. Das würde mir im Herzen weh tun. Aber ich könnte es verstehen.«
»Dieses Risiko besteht aber nur, wenn Naida Maurice noch liebt. Wer sagt, dass er überhaupt den Zugang zu ihr kriegt? Wie schätzt ihr diesen Maurice ein?« fragt Sibylle. »Könnte er mit dieser höchst aussergewöhnlichen Situation feinfühlig umgehen?« Sie schaut die beiden Frauen eindringlich an.

Oota schüttelt den Kopf. »Ich kenne ihn zu wenig. Aber damals hatte er Kit immerhin aus der Patsche geholfen. Das hätte gerade er als »Konkurrent« nicht tun müssen. Je länger ich es mir überlege: Er handelte er sehr souverän.« Der aufkommende Respekt in ihrer Stimme ist nicht zu überhören. Sie schaut Dominique an.

»Ich kenne ihn auch nicht persönlich«, sagt diese. »Aber aus Naidas Erzählungen heraus habe ich mir stets das Bild eines Mannes gezeichnet, der sich nicht so schnell in Dramen verwickeln lässt und auch kritische Dinge eher mit kühlem Kopf angeht.«

Die Drei schweigen wieder. Dann schauen sie sich gleichzeitig an. Der Blick von jeder Einzelnen spricht Bände.
Sie werden es tun.

Sechs Stunden entfernt, es ist schon später Abend, läuft Fréderic in seinem Wohnzimmer in der Schweiz hin und her. Seine Hände halten sich auf seinem leicht gebeugten Rücken, was seine Haltung noch mehr nach vorne schiebt. Seine Stirn ist gerunzelt, sein Atem schwer.
Als Naidas Vater weiss er, dass er auf der ganzen Linie versagt hat. Schamgefühle umgeben ihn, als ob er darin baden würde. Seine Gedanken kreisen. Natürlich nimmt er das schlechte Gewissen wahr. Aber es ist für ihn, als ob er darin erstarrt sei. Es ist, als ob er sich nicht bewegen könne. Selbst seine Fähigkeit, immer gute Ideen und Lösungen zu kreieren, scheint eingefroren zu sein. Nun befindet sich seine Frau Sibylle wieder in Montréal, bei ihrer gemeinsamen Tochter. Da, wo auch er schon vor Monaten hätte sein sollen. Bei seiner trauernden und schwangeren Tochter.

Aber er kann nicht. Der Gedanke, sich wieder in ein Flugzeug zu setzen und genau dahin zu fliegen, wo er schon einmal alles verloren hatte, macht ihn fertig. Wieso nur hatte er zugelassen, dass Naida nach Montréal fliegt? Es hätte naheliegend sein müssen, dass sie so schnell nicht zurück kommt.

Er musste aber auch fair mit sich selbst sein. Schliesslich konnte niemand wissen, dass Naida nach der Beerdigung derart in ein Loch fällt und sich abschottet.

Fréderic läuft hin und her. Nach drei Schritten muss er jeweils wieder kehrt machen, denn die Stube ist klein. Er weiss, dass er alles nicht besser macht, je länger er wartet. Insgeheim hatte er gehofft, dass seine Tochter ohne sein Zutun wieder zu sich kommt und ihr Leben in Angriff nimmt. Aber wenn er ganz ehrlich mit sich selbst ist, weiss er genau, dass sie ihn braucht. Und dass dies nicht nur Naida helfen, sondern auch seine eigene, traurige Geschichte in Kanada abschliessen würde.

Inzwischen sind seine Schritte immer schneller geworden, und sein Kreislauf hat Mühe damit, dass er sich im Kreis dreht und immer rascher und oberflächlicher atmet.

Plötzlich wird ihm schwarz vor Augen und er sinkt auf das Sofa nieder. Sein Mund ist offen, er schnauft hechelnd vor sich hin. Immer noch spürt er den Schwindel im Kopf. Er erträgt sich selber nicht mehr. Grausamer Ekel steigt aus den Tiefen seines Bauches auf und umhüllt sein Gehirn. Er möchte sich übergeben, wehrt sich aber. Einen Moment lang verliert er das Bewusstsein.

Momo und er sitzen einander an einem schönen Holztisch gegenüber. Rundherum scheint ein unendliches, helles Nichts zu herrschen. Der Tisch steht wie auf einer Wolke. Fréderic spürt Geborgenheit und Sicherheit. Er atmet tief auf und

schaut Momo an. »Was mache ich hier? Du bist doch tot und hast dich verabschiedet.«
Momo lächelt, drückt seine Hände. »Ja, so ist es, Frédi« Sein Blick hellt sich auf und er lässt zu, dass ihre Energie ihn einhüllt. »Ich möchte mir dir reden. Ich glaube, du brauchst mich.«

Fréderic schüttelt den Kopf. »Mir kann nichts helfen. Ich bin komplett verloren und ich habe auf der ganzen Linie versagt. Schon damals, als ich nicht bei dir war, zeigte sich dieser Charakterzug. Ich bin ein Verlierer. Und jetzt beweise ich zudem, welch Feigling ich bin.« Beschämt senkt er den Kopf. »Ich lasse alle im Stich. Am besten ist es, wenn ich nicht da bin.«
»Ach, Frédi. Jetzt hör endlich auf damit!« Obwohl Momos Stimme noch sanft ist, hat sie ihren Ton verschärft. Sie klopft auf den Tisch, ihre indianisch geflochtenen Zöpfe schwingen um ihr Gesicht herum. Erstaunt schaut er hoch und beobachtet, wie seine erste Frau das altbekannte Temperament spielen lässt. »Wer sagt denn, dass irgend etwas zu spät ist? Wer sagt denn, dass du der Schuldige bist? Wer genau ist es, der entscheidet, ob du ein Feigling bist?«
Momos Energie ist nun derart bestimmt, dass Fréderic der Atem stockt. Er richtet sich im Stuhl auf und versucht sich zu erklären. »Aber Momo, das ist doch alles sonnenklar! Siehst du

es denn nicht? Ich bin nie da, wenn meinen Lieben etwas passiert. Und bewirken kann ich auch nichts.« Seine Stimme senkt sich wieder.

Momo kommt zu ihm hin und streicht ihm über den Rücken und zwingt ihn, ihr in die Augen zu schauen. »Wer bestimmt, dass du nicht da bist?«

Fréderic stutzt. Dann überlegt er eine Weile und meint: »Na, ich. Es ist ein Fakt.«

»Findest du? Nun, dann helfe ich dir ein wenig nach. Damals, als du mich und unser Kind verloren hast, warst du nicht bei uns, das stimmt. Aber DU hast es nicht entschieden, nicht bei uns zu sein. Denn du wusstest von allem nichts und konntest es nicht beeinflussen.«

Momos Energie wirbelt nun in Höchstgeschwindigkeit um ihn herum.

»Aber jetzt, mein Lieber, ist alles ganz anders!« Sie scheint ihn an den Schultern zu packen und zu schütteln. »Wach endlich auf, Frédi! Du allein entscheidest, wo du dich befindest! Es ist völlig egal, ob du dich bis jetzt nicht bewegen konntest. Fakt ist, dass du es immer noch tun kannst! Schwing deinen Körper in ein Flugzeug und geh zu deiner Familie! Sie braucht dich! Und Naida wie auch Sibylle werden glücklich sein, dass du da bist.«

Als er auf dem Sofa liegend wieder zu sich kommt, spürt er

Momos Energie immer noch vibrierend und aktivierend um seine Schultern herum. Er schnappt nach Luft und setzt sich abrupt auf. Mit beiden Händen reibt er sich die Erschlagenheit aus den Augen. »Wer bestimmt, dass du nicht da bist?!«
Momos Stimme hallt in seinem Kopf nach.
Fréderic atmet tief ein und aus. Sie hat recht. Nur er selbst bestimmt, wo er ist. Nun ist es mal so, dass sein kleines Mädchen Montréal als zweite Heimat gewählt hat. Und nun ist es mal so, dass auch sie dort ist und sie wird es ziemlich sicher noch sein, wenn ihr Kind auf die Welt kommt. Deswegen muss mit ihr ja nicht dasselbe geschehen wie damals mit seiner ersten Frau, Momo.
Plötzlich weiss er, was zu tun ist. Abrupt steht er auf und geht ins Schlafzimmer seinen Koffer packen.

Maurice hat mit dieser fremden Handynummer schon den dritten Anruf in Abwesenheit. Das mag er gar nicht. Neue Klienten kennen seine Nummer nicht, rufen jeweils über die Firma an und lassen sich einen Termin geben. »Wer kann das nur sein?« überlegt er. In sekundenschnelle zieht das Bild von Naida vor seinem inneren Auge vorbei. Er schüttelt den Kopf mit dem unbewussten Ziel, Naida aus seinen Gedanken zu kriegen.

Obwohl sie ihm letzten Herbst sehr liebevoll mitgeteilt hatte, dass sie sich für Kit entschieden hat, geht sie ihm nicht aus dem Herzen. Oft denkt er an sie und fragt sich, was sie jetzt gerade mache. Aber dann zwingt er sich, sich auf seine Arbeit zu konzentrieren. Am liebsten wäre ihm, wenn er wieder für einige Wochen nach Asien müsste, wie vergangenen Sommer. Diese Aufträge sind derart intensiv, dass ihm kaum Zeit fürs Grübeln bleibt. Aber wie es das Leben so will, ist zur Zeit Funkstille bei seiner asiatischen Kundschaft. Alles, was es zu erledigen gibt, kann man mit modernsten Mitteln der Kommunikation klären. Einerseits ist das sympatisch und Kosten senkend. Aber andererseits... nun ja. Maurice seufzt laut auf.

Als er die Meldung seiner Visual Voicemail sieht, dass ihm jemand eine Nachricht hinterlassen hat, zögert er keine Sekunde, diese abzuhören. Sie ist vom unbekannten Anrufer!

»Monsieur de Rozier.« Eine angenehm tiefe, weibliche Stimme spricht. »Ich bin Oota Dabun Frazer, Kitchi Frazers Mutter. Sie haben meinem Sohn vor ein paar Monaten aus der Patsche geholfen. Bitte rufen Sie mich so rasch es geht zurück, vielen Dank.«

Maurice ist erstaunt. Kits Mutter? Er hatte sie nur einmal gesehen, damals in ihrem Wohnzimmer. Sie hatte sehr besonnen und weise auf ihn gewirkt. Ihr Stimme zu hören überrascht ihn. »Warum kann Kit nicht selber anrufen?«

Maurice wählt seine Nummer und erfährt von einer Computerstimme, dass der Anschluss nicht mehr in Betrieb sei.

»Céline, ich muss früher gehen!« ruft er seiner Assistentin im Vorzimmer zu und schnappt seinen Aktenkoffer, seinen Wintermantel und sein Handy. »Wir sehen uns morgen nach dem Lunch wieder, bis dann!« Maurice schwirrt an Céline vorbei und eilt zu seinem Wagen.

»Oui, c'est Frazer, est-ce que c'est Monsieur de Rozier à l'appareil?« Oota ist nervös. Maurice hat zurück gerufen. Die beiden anderen Mütter sitzen gespannt wie Drahtseile um sie herum und lauschen dem Gespräch.

»Ja, ich bin es, Madame. Was ist passiert? Ich erreiche Kit auf seinem Handy nicht.« Maurice steuert seinen schwarzen Geländewagen vorsichtig aus der Tiefgarage heraus. Montréal liegt wie jeden Winter tief im Schnee. Sein Cabriolet ist sicher zu Hause und wartet auf den Sommer.

»Nun, Monsieur, es ist so«, Ootas Stimme bricht ab, sie holt tief Luft. »Kit lebt nicht mehr. Er ist kurz nach Weihnachten bei einem Unfall umgekommen.« Ihre Stimme wird leiser.

Maurice macht fast eine Vollbremse vor Schreck. Behutsam lenkt er seinen Wagen auf einen Parkplatz und stellt den Motor

ab. Diese Nachricht muss er zuerst verdauen. »Kit ist tot? Aber, wie kann das sein?« fragt er völlig irritiert. Dann kommen ihm seine guten Manieren in den Sinn. »Bitte entschuldigen sie, Madame. Wo bleibt mein Anstand. Empfangen Sie mein aufrichtiges Beileid! Was genau ist passiert? Wie geht es Naida?« Maurice schüttelt den Kopf, es kommen ihm Tränen in die Augen.
Oota erzählt ihm kurz vom Unfall und wie es Naida damit geht. »Monsieur. Sie sitzt seitdem nur da und nimmt nicht mehr am Leben teil. Wir sind völlig ratlos. Dazu kommt, dass sie schwanger ist...«
Maurice schnappt erneut nach Luft. »Schwanger?« Er ist sprachlos. Seine Gefühle fahren Achterbahn. Er weiss selbst nicht mehr, worauf er sich konzentrieren soll. Zum Glück hat er seinen Wagen vorhin schon parkiert, er könnte sich jetzt unmöglich auf den Verkehr konzentrieren.
Oota nickt in den Telefonapparat. »Ja.« In ihrem inneren Auge sieht sie den gepflegten, stattlichen Mann und spürt die heftigen Wogen seiner Gefühle. Leise spricht sie weiter. »Monsieur, ich weiss, es klingt vielleicht seltsam. Aber Dominique, Naidas Gastgeberin von letztem Jahr, hat uns erzählt, wie nahe Sie Naida standen.« Einen Moment lang zögert sie, bevor sie weiter spricht. »Ich dachte, Sie können uns vielleicht helfen.« Einen Moment lang wartet sie, Maurice sagt keinen Ton. »Besser gesagt: Sie sind unsere letzte Hoffnung!«

Maurice bittet sie, einen Moment zu warten. Er hat zu frieren begonnen, öffnet die Fahrzeugtüre, steigt aus und zieht seinen Mantel an. Dann nimmt er das Handy ans Ohr und setzt sich wieder, die Autotüre schliessend. »Madame. Ich weiss nicht was sagen. Aber wie steht es um Naida? Geht es ihr soweit gut? Hat sie nach mir gefragt?«

»Es geht ihr soweit gut. Sie wirkt apatisch und redet nicht mit uns. Nur das Nötigste. Verstehen Sie, Monsieur: Sie ist irgendwo in sich drin gefangen! Wir wissen uns nicht mehr zu helfen. Was meinen Sie, möchten Sie Naida gelegentlich besuchen? Vielleicht taut sie dann wieder auf.« In dem Moment, als Oota dies sagt, kommt es ihr lächerlich vor. Sie schaut ihre zwei Freundinnen an und ihr Blick verrät ihre Hoffnungslosigkeit.

»Verstehe.« Maurice fängt sich langsam wieder. »Madame. Ich hoffe, Sie empfinden das nicht als respektlos. Aber ich muss das zuerst verdauen. Darf ich Sie wieder anrufen?«

Oota nickt in den Hörer hinein. »Na klar. Sie erreichen mich jederzeit auf dieser Nummer. Naidas Mutter und Dominique sind auch bei mir. Sie können jederzeit vorbeikommen, sie wissen ja, wo wir wohnen. Ich danke Ihnen, Monsieur!«

Einen Moment wartet sie, dann verabschiedet sich Maurice und legt auf.

Maurice schnappt sich seinen Schal und steigt aus. Er muss

sich einige Minuten die Füsse vertreten. In seinem Innern toben die Gefühle. Das hat er noch nie erlebt.

Die Dämmerung ist schon hereingebrochen und es hat wieder angefangen zu schneien. Die Fussabdrücke anderer Passanten vor ihm werden von den frischen Flocken wieder aufgefüllt. Das Gehen, das Stampfen im Schnee und die eiskalte Luft tun ihm gut. Er realisiert, wie viel ihm an Naida liegt. Er fühlt Bedauern für Kits Tod, weil er weiss, wie sehr sie ihn geliebt hat. Aber andererseits ist dies seine Chance. Noch nie hat er so für eine Frau empfunden, das begreift er jetzt. All diese Monate hatte er seine Gefühle aus Respekt vor Naidas Entscheidung zurückgehalten, ja: vergraben! Aber jetzt, so tragisch die Umstände offensichtlich sind, kriegt er eine neue Chance!
Aufgeregt zückt er sein Handy, macht auf dem Absatz kehrt und ruft seinen Geschäftspartner an, um für das Dinner abzusagen. Dann wählt er erneut Ootas Telefonnummer.

Die drei Mütter haben gerade den Tisch fürs Abendessen gedeckt und mit Kochen begonnen, als Ootas Handy wieder klingelt. Gespannt schauen sich alle drei an. Oota nimmt den Anruf entgegen. »Oui?«
»Madame Frazer. Ist es sehr unfreundlich, wenn ich heute Abend noch komme?«

8. Nachwort

Liebe LeserIn

Ja, es ist mir klar. Erneut gibt es ein »Ende«, wo die Geschichte gar noch nicht fertig ist! Diesen Frust kenne auch ich sehr gut, bin ich doch eine Leseratte. Ihr habt mein volles Mitgefühl! Die gute Nachricht ist, dass Naidas Geschichte so schnell nicht fertig sein wird. Dieser spirituelle Fortsetzungsroman geht noch eine Weile weiter.

Mit dieser Geschichte möchte ich Dir zeigen, wie »normal« das Auf- und Ab des Lebens ist, auch für medial begabte Menschen. Niemand ist davor gefeit und niemand ist »besser« als andere, nur weil er mediale Fähigkeiten hat. Das Leben wartet für jeden mit seinen Geschenken und wir Menschen haben alle dieselben Chancen, daran zu wachsen und unser Leben in die Hand zu nehmen.

Obwohl ich mit Naidas Geschichte zeigen möchte, dass körperliche Leiden ein Spiegel der Seele sind und somit Hinweise darauf geben, worum es bei unserem individuellen Sinn des Lebens geht, ist dies aber kein Aufruf für Krebskranke, ihren schulmedizinischen Behandlungsweg von heute auf morgen fallen zu lassen! Es ist eine Sensibilisierung für beide Wege - den schulmedizinischen und den spirituellen - und zeigt auf, wie es auf die Verantwortungsübernahme des Kranken ankommt und darauf, ob er seine Entscheidungen aus seinem Herzen heraus trifft. Was immer dann geschehen wird, der Gesundende kann nur so zu seiner Entscheidung stehen.

»Ich lebe hier und jetzt. Ich bin das Ergebnis von allem, was geschehen ist oder geschehen wird, aber ich lebe hier und jetzt.« (aus Aleph von Paolo Coelho)

Dieses Zitat zeigt bei näherer Betrachtung auf, wie wichtig es ist, das Hier und jetzt anzunehmen. Das Jetzt so lange zu leben, wie es dauern muss. Weder mit negativen und bekämpfenden Gefühlen noch mit verdrängenden Taktiken. Ich glaube, dass dies für uns Menschen etwas vom Schwierigsten ist, was es gibt. Denn wenn man merkt, dass man eine Tatsache verdrängen oder loswerden möchte, ist Liebe und Heilung das Einzige, was hilft. Und so simpel dies klingt, so schwierig ist es oft für uns. Es bedeutet nicht, aufzugeben oder gar, sich dem Schicksal zu übergeben. Nein. Es bedeutet, anzunehmen, liebevoll den Frieden auf das zu legen, was man nicht ändern kann und sich wieder neu auszurichten.
Du als fleissige Leserin wirst mitkriegen, wie Naida dies schafft. Und wie sie mit jedem Tag des Wachsens immer mehr

ihre medialen Fähigkeiten in den Alltag integrieren lernt, auch wenn nicht alles rund läuft.
Die Frage ist nur: Lernt Naida endlich, die Botschaften ihrer Seele zu erkennen? Denn nicht nur unser Körper ist ein Hinweis darauf, ob wir noch auf unserem Weg sind, den wir damals als Seele getroffen haben. Nein. Auch unsere mediale Verbindung zu unserem höheren Selbst und das Wahrnehmen unserer Intuition, unserem Bauchgefühl, helfen uns dabei.

Ich freue mich, bist Du mit mir gemeinsam dabei, Naidas Leben, ihre Erkenntnisse und Erfahrungen lebendig zu machen!

Denke daran: Unsere Schutzengel, unsere Geistführer, kommen nie allein! Die Kunst ist; uns so ganzheitlich wie nur möglich wahrzunehmen und zu achten.
Auch für dieses Buch habe ich wieder geführte Meditationen aufgesprochen. Da Naida zur Zeit mit der Heilgrottenmeditation arbeitet, gibt es für Dich neue, andere Seelenreisen. Ich werde diese wie beim Band I auf die nächste Zeit verteilt freischalten. Wenn Du auf der Seite www.chantalbavare.ch/naidas-geschenke eingetragen bist, wirst Du keine verpassen!
Auf www.chantalbavare.ch kannst Du Dich zudem für die Schutzengelpost (Newsletter) anmelden. So wirst Du stets über

alle Tätigkeiten (auch Kurse und Lesungen) rund um das Buch informiert werden.
Besuche mich auch auf www.facebook.com/chantalbavare!
Wenn Du magst, tritt der geheimen Facebookgruppe bei. Alle Mitglieder werden rege über kleinste Fortschritte informiert, können aber auch ihre eigenen Fragen zum Thema Spiritualität, Schutzengel und Co. stellen und darüber diskutieren.
Zu guter Letzt bedanke ich mich herzlich bei Dir. Du bist das Herz dieses Buches. Für DICH habe ich es geschrieben!
Ich danke Dir für das Lesen des Romanes, fürs Inspirieren und Berührenlassen. Fürs Umsetzen, fürs Weiterempfehlen, fürs Verschenken. Und wer weiss, vielleicht lernen wir uns bei Gelegenheit persönlich kennen. Das würde mich freuen!

Herzliche Grüsse, Deine Chantal Bavaré

P.S. Falls Dir das Buch gefällt, wäre ich Dir sehr dankbar um eine Rezension auf amazon.de. Jeder neue Leser, der sich für das Buch interessiert, ist froh um eine Kurzmeinung von Dir! Es gibt nichts Besseres als eine unabhängige Einschätzung eines anderen Lesers.

Danke Dir! Und alles Liebe für Dich.

Über die Autorin:

Chantal Bavaré alias Perrinjaquet wurde 1975 in der Schweiz in einer Gärtnersfamilie geboren. Als Älteste lernte sie schon früh, Verantwortung zu übernehmen und anzupacken. Mit 14 Jahren wurde sie mit der Diagnose Krebs konfrontiert.

Nach ihrem Wirtschaftsdiplomabschluss weilte sie für einige Monate in Montréal, wo sie sich in die Stadt verliebt hatte. Danach folgten einige Jahre als Polizistin und Hundeführerin bei der Stadtpolizei Zürich, eine mehrjährige Ausbildung zum professionellen Medium sowie 2006 die Gründung ihrer eigenen Coachingfirma. Ihr Wissen ergänzte sie mit einer weiteren Ausbildung zum Business Coach und -Trainer. Inzwischen vereint sie als Coach und Lehrerin ihre feinstofflichen Fähigkeiten mit ihren Business- und Coachingkenntnissen.

»Zu meinem Coaching-Business gehört mein Herzensprojekt "Schreiben". Denn obwohl es inzwischen sehr gute deutsche Literatur für Menschen mit feinstofflicher Wahrnehmung gibt, gibt es sehr wenige Romane mit Protagonisten, die mögliche Wege als Geschichte aufzeigen. Wege, wie man das Leben bodenständig und entspannt geniessen kann.

Es ist mein Herzenswunsch, Sie mit meinen Büchern zu inspirieren. Sogar der kleine Hunderatgeber unter meinem richtigen Namen ist spirituell angehaucht - mit dem Extrakapitel "Tierkommunikation".
Meine Romane sollen Ihnen die Gelegenheit geben, sich irgendwo selbst zu erkennen und Inputs zu kriegen, wie man das Auf- und Ab des Lebens auch als Hochsensible mit erweiterter Wahrnehmung mit Freude und Spannung meistern kann.«

Mehr über Chantals Bücher erfahren Sie auf ihrer Autorenseite bei Amazon.

7326872R00130

Printed in Germany
by Amazon Distribution
GmbH, Leipzig